Cultura da paz

MARCO LUCCHESI

Cultura da paz

oficina
raquel

© Marco Lucchesi, 2020
© Oficina Raquel, 2020

Editora
Raquel Menezes e Jorge Marques

Revisão
Oficina Raquel

Assistente editorial
Yasmim Cardoso

Capa, projeto gráfico
Leandro Collares – Selênia Serviços

Obra da capa
Athanasius Kircher

DADOS INTERNACIONAIS PARA
CATALOGAÇÃO NA PUBLICAÇÃO (CIP)

L934c	Lucchesi, Marco, 1963-
	    Cultura da paz / Marco Lucchesi. – Rio de Janeiro : Oficina Raquel, 2020.
	    204 p. ; 21 cm.
	
	    ISBN 978-65-86280-37-1
	
	    1. Ensaios brasileiros I. Título.
	
	                                CDD B869.4
	                                CDU 821.134.3(81)-4

Bibliotecária: Ana Paula Oliveira Jacques / CRB-7 6963

www.oficinaraquel.com.br
@oficinaeditora
oficina@oficinaraquel.com

Sumário

Infância de Poeta: Quase Prefácio — 13

Locatários do Presente
Verda Stelo — 19
Santurantikuy — 21
Folia de Reis — 23
Eu Sou Beirute — 25
Olodum e Lalibela — 27
A Casa Comum — 29
A FEB e os Canibais — 31

Índice de Barbárie
Carta a um Jovem Preso — 35
Pedrinhas — 37
Além das Grades — 39
Fome de Justiça — 41
Casa dos Mortos — 43
O Grande Incêndio — 45

Pentimento e Proporção

Alma do Mundo: Leonardo 500 Anos	49
Viva Guido Reni	52
Cartas de Tarô	54
Fluxo Bruto	56
Brilham Sinais	58
Mignone 120	60

Corpo-Galáxia

Um Mozart Afônico	65
Eros e Psiché	67
Uma Voz Límpida	70
Saudades de Jorge Wanderley	73
Dante 750	75
Um Simbolista Romeno	77

Inquietude Semântica

Cony: o Diabo e a Carne	83
Coronel sem Lobisomem	85
Montaigne: Carta Infinita	87
Eduardo Portella	90
De Amor e Névoa	93
Mestre Umberto	95
Livros Fantasmas	97

Apolo e Tutuguri

Artaud: uma nova ontologia	113
Aproximações de Remo Bodei	118

Topologias

Museu de Imagens	137
Depois do Inferno	139
Favela é Cidade	142
República dos Livros	144
Cartola e Pasolini	146
Adeus a um Democrata	148

Fuga em Ré Menor

Pequena Arqueologia	153
Balões Peregrinos	155
Grafite Luminoso	174
Língua Portuguesa e Cultura da Paz	184

Posfácio

Do silêncio das estrelas às reflexões
de uma possível consciência histórica   193
por Anna Maria Haddad

Sobre os textos   199

para Ana Paula Kobe

e à memória de Remo Bodei

Tenho os lábios secos,
ó grandes ruídos modernos
Álvaro de Campos

Infância de Poeta: Quase Prefácio

O mundo como espanto e admiração é a nossa primeira experiência com o ambiente que nos cerca. A voz da mãe, tão viva e irrefutável na memória, ilumina partes secretas do labirinto de que somos feitos. Uma fina membrana nos separa da vida. Agrega e separa, como um sonho fugaz.

A infância profunda é um naufrágio delicado. O barco segue oculto no seio do mar primordial. Boiam alguns fragmentos, ideias rarefeitas, sentimentos em estado selvagem, antes da organização das palavras, da forma de entender o mar e de saber quem somos.

É certo que a infância não passa nunca, desafiadora, como um velho álbum, que, de quando em quando, é preciso rever, os rostos fugidios nas fotos, cujo nome ignoramos, sem saber se estão vivos. Boa parte deixou de ser. A infância é um álbum povoado de fantasmas, para os adultos, cujas fotos manuseiam, emocionados ou indiferentes.

Mas a infância do poeta não passa. A poesia é o estado permanente daquele menino impossível, cercado de brinquedos ou versos cheios de mistério e luz. O brincar como ensaio do que estávamos construindo para nós.

Desenho a locação das nuvens, condensadas ao longo de zonas celestes, distantes para os olhos de agora e de ontem, que desde cedo me deslumbram.

Minha infância incerta no mês de julho no Rio, com seus dias breves, feridos por uma espessa camada de melancolia, ainda mais sentida nos subúrbios da Leopoldina, sinuosa, como a linha de trem que avança nas entranhas fluminenses.

Como alcançar as feridas da memória, que chego apenas a sentir, quase impalpável, dor que a tudo se mostra rebelde e insubmissa nos primeiros anos?

Sob o líquido coral de nuvens, passa um menino, perdido, com seu cãozinho branco nos quintais. Seus olhos fosfatados de inocência trazem largas parcelas de futuro, como se estivesse ao abrigo dos deuses ferozes do mundo, dentro de uma esfera de pura vertigem. Inventa e sonha a linha do horizonte. Talvez fosse incluir um canário amarelo, com a gaiola, na parte dos fundos da casa, na pequena e infinita varanda, um cachorrinho branco, saltitante. Uma casa verde, cheia de bichos como a Arca de Noé.

No fim do mundo, posso apostar, "alguma coisa escapa do naufrágio das ilusões" e verei todos os meus animais.

Uma narrativa ou memória sem quantidade, feita de sentimentos dispersos é quanto me resta. Mas, e se tudo não passa de mera intuição, vida provisória, potência que se afoga no vazio das palavras? Será apenas um salto no silêncio, a volta para a infância, algo que se nutre do nada em que se apoia e brilha, fugaz como um raio: sentimento que de súbito se exaure, na vida adulta, como num piscar de olhos?

Ao longe, e a muitos quintais de distância, reconheço uma farmácia. Não lembro como se chamava, onde se lia, em letras redondas, na vitrine, "agradecemos a preferência, volte sempre".

Tão obscura me parece a relação do menino com as nuvens e os remédios da farmácia. Um fio da memória esgarçado em muitos pontos que deviam, mas não sabem, fazer um único nó. Porque, a essa altura, o cachorro branco fugiu da coleira e perdeu-se. O menino deixou o quintal em busca de outros, mais incertos. A farmácia baixou as portas e não sei onde buscar novos remédios. Como dizer uma história sem progressão? Fechada para o mundo como se a névoa lhe impedisse o passado. Essa rememoração tem algo do canário que a tanto mundo não se atreve. Para Kafka, uma gaiola saiu para buscar um pássaro. Amarelo talvez, como aquele do menino, cujo canto dissipou-se na partitura dos dias.

Indago tão-somente a densidade das nuvens e a rarefação da história, que se passa no mês de julho, nos subúrbios do Rio e que reúne, sem motivos claros, a infância de um menino, o quintal onde armou alguns sonhos e as portas baixas da farmácia.

Um físico pergunta: Por que não nos lembramos do futuro?

Locatários do Presente

do mundo que te foi contraditório
Carlos Pena Filho

Verda Stelo

O ritual de começo de ano supõe um rigoroso adeus ao oceano de bytes e papel. É o desmonte das agendas físicas e virtuais, onde salta aos olhos o desvão entre sonho e realidade. As fotos que nos parecem injustas com a nossa imagem, e um conjunto náufrago de palavras que perderam sentido. Liturgia pessoal, libertadora. Abrimos um pouco mais de espaço ao presente do futuro, a seu laboratório de experimentos, ao seu tanto de ousadia.

E assim, quando eu também me despedia de mim, eis que surgiu das profundezas um caderno de capa amarela, com manchas de senilidade e algumas páginas soltas. Meu caderno de exercício de esperanto! E, de repente, tenho 14 anos, me vejo entre amigos que praticavam a língua com entusiasmo nos arredores do Campo de Santana.

A língua criada por Ludwik Zamenhof para a promoção da paz no mundo, completou 130 anos. Trata-se de uma dama antiga e nova, pacífica e cosmopolita, ecumênica e elegante, que não perde a juventude. O vocabulário da língua não para de crescer, assim como a tradução de obras clássicas para o esperanto, que se tornou a língua artificial de maior sucesso e alcance planetário. Transversal às religiões e às ideologias exclusivistas, o esperanto continua vivo e atuante em congressos, agendas robustas e organismos internacionais, apoiado pelas resoluções da Unesco. Sua presença é marcante na Web.

O esperanto é uma língua que prima pela simplicidade gramatical, ampla economia de meios, e forte capacidade de absorver neologismos. Sua base vocabular origina-se de muitas línguas, oferecendo assim uma atmosfera amiga a quantos se dispõem a estudá-la no Ocidente. Falado, lembra um italiano mais simples e ambíguo. Simples na estrutura, o desafio do aprendizado está na riqueza lexical, como escreveu Guimarães Rosa.

Nesse mar de papel em que me vejo cercado, nessa busca possível de renovação, tiro das profundezas abissais um raro sobrevivente, o antigo esperantista cheio de sonhos.

E o que resta de ambos, do caderno e do menino, da língua outrora praticada e dos projetos esboçados, o que permanece de pé nos dias atuais, o que nos une no começo deste ano incerto, senão o incontornável desejo de paz entre os homens?

Como inquilinos do presente, habitantes da Terra, nossa casa comum, é hora de romper os muros e construir pontes. A paz não é um maná celestial, mas uma conquista que exige uma ética pública, densa e compartilhada. A república precisa fazer jus ao nome, através de uma cidadania plena e universal que não falte a ninguém. Não súditos, mas cidadãos, com o mesmo horizonte de igualdade e direitos. Embora oportuno o combate à corrupção, o drama do Brasil reside na desigualdade social. Quando afinal teremos a coragem de enfrentá-la, como quem resgata uma dívida muito alta?

"Verda stelo" significa, em esperanto, a estrela verde. Sinal de confiança para o ano que acaba de nascer.

Santurantikuy

Este é o nome de uma das feiras natalinas de maior relevo no Peru, montada ao longo da Praça de Armas, na imperial cidade de Cusco. Lembra uma ópera ao ar livre, onde o espanhol cede lugar ao quíchua, a prosa do áspero quotidiano, à poesia e ao sino das igrejas, aos cantos populares, como se formasse um coro misto a celebrar o nascimento de Emanuel, chamado carinhosamente de Manuelito, ao longo do mundo hispânico. Participam deste oratório ao ar livre diversas crianças pobres, revestidas de beleza singular, de que nenhuma delas sequer desconfia, o que as torna ainda mais bonitas: anjos morenos de bochechas vermelhas, que acabaram de sair do retábulo da igreja barroca mais próximas ou do presépio do mais humilde artesão. Não perco os olhos, a elevação dos olhos, a poesia dos olhos destas crianças.

Das muitas imagens da feira, onde o sagrado e o profano se reúnem sem receio, cito o semblante de Maria, porque nele reconheço o rosto sofrido, severo e generoso das mães daquelas crianças, que vêm à cidade para venderem os produtos da terra, sem roupas de marca e, portanto, com uma elegância plurissecular: de chapéu alto e colorido, as tranças negras, unidas, formando na base um "v", com as mãos cansadas e os pés honestamente sujos de poeira.

Todo esse conjunto, de marias e manuelitos, forma um presépio natural, com lhamas e alpacas reais, dentro de uma síntese mestiça, através do clássico refinamento dos encontros improváveis, o antes e o depois da colonização, aquecidos na chama solidária, do senso de comunidade, como se as mulheres tentassem preencher o vazio dos direitos civis essenciais, a que dificilmente têm acesso.

Entro e saio desta Belém em miniatura, lembrando o que dizia o escritor José Maria Arguedas sobre a triste sombra do coração das mulheres da praça, que eu "abraço e não aperto". Nobres e melancólicas. Promotoras da riqueza imaterial do país, à medida que vivem e transmitem ao futuro o diálogo das tradições andinas e hispânicas, livres de ressentimento e estranhas à vitimização, numa defesa sólida que se opõe às investidas da sociedade líquida, rebelde à lógica de um mercado que desenha o planeta, dissolvendo as culturas regionais, com o objetivo de fidelizar novos consumidores, pobres em diversidade cultural. Cenário de que o Brasil não forma exceção.

Na Praça de Armas sou tomado por uma piedade filial que não sei definir, quando as mães embalam seus filhos debaixo das colunatas, para atravessarem a noite nas pobres manjedouras, no chão frio, a que acorrem alguns reis magos, levando as sobras de comida de um país com alto índice de concentração de renda e modestos programas de inclusão. Porque as injustiças sociais constituem uma ferida que compromete o presente e o futuro da América Latina.

Começo o dia com os olhos vivos e acesos dessas crianças. Não tenho escolha.

Folia de Reis

Trata-se de uma festa patrocinada pela esperança, pelo diálogo solidário e por um desenho de futuro. Matérias que andam em falta em nossos dias. Dos três Magos, segundo reza uma tradição, Gaspar seria de origem indiana. E, para abordar a cultura da paz, penso em Nova Déli, cidade rica em matizes e culturas. Injusta e poluída em toda a parte, feroz e compassiva a cada esquina, ingênua e ardilosa: do hospital de passarinhos às ruas incrivelmente sujas, do raro perfume de incenso e especiaria à gama repulsiva de odores. Uma oferta quase infinita de templos atrai peregrinos de todos os quadrantes, os corpos seminus, pintados de branco, ou cobertos por trajes de cores vivas. Tudo em Déli impressiona e fascina, assusta e surpreende.

Conheço de cor as prateleiras de literatura indiana da livraria Bahrisons e evoco alguns conceitos do místico sufi Nizamudin, para quem não existem barreiras entre as religiões, apenas um desejo do outro e um alto grau de compaixão. Na tumba de Nizamudin cantam os peregrinos, todas as quintas no fim da tarde, e traduzem as formas de uma radiante beleza. Lembro de alguém recitando um antigo poema de Bulleh Shah: "Não me incluo entre santos, pecadores, / E já não sou feliz nem infeliz. / E não pertenço à água nem à terra / E não pertenço ao fogo nem ao ar."

Versos que abrem portas e janelas. Uma ode ao encontro, na generosidade de quem se entrega sem meio-termo, com adesão: "Não sou o crente que vai à mesquita,/ Nem o que segue as vias da descrença. / Não ando limpo e tampouco ando sujo. / Não sou Moisés, nem sou o Faraó."

Negar, ainda que momentaneamente, tudo o que somos significa não impor nossa visão a quem quer que seja. Negar-se para ouvir o outro. Como um gesto de cortesia, para não dizer de civilização, sinal de acolhida e abertura, através do diálogo, único remédio possível ao território do ódio, ao cerco de mágoas inarredáveis e aos muros de estéreis convicções. Desse remédio não devemos, não podemos, não queremos abrir mão. Volto aos Reis Magos, que saíram de partes extremas da Terra, que deixaram seus reinos em homenagem a uma criança, ou seja ao ainda-não, a uma potência ou janela virtual que dava para o futuro.

Ao término dos cantos daquele fim de tarde em Déli e começo da noite, pensei num dos maiores poetas do Oriente, Djalal Rumi, a um passo a mais, de uma profunda amizade e amor contundente:

"Sentados no palácio duas figuras, / são dois seres, uma alma, tu e eu. / Um canto radioso move os pássaros/ quando entramos no jardim, tu e eu!/ Os astros já não dançam, e contemplam/ a lua que formamos, tu e eu!".

E como ainda é tempo, caro leitor, não importa se você tem ou não partido, se acredita ou não, se tem ou deixou de ter vínculos com a religião, vamos construir juntos um mundo de paz.

E não perder a capacidade de sonhar.

Eu Sou Beirute

Um dos lugares mais encantadores no Rio de Janeiro é o pequeno Oriente Médio da rua da Alfândega, com seu perfume ecumênico das mais variadas especiarias, parte da cidade que visito desde os oito anos. Diante de insistentes pedidos, meu pai me levava às lojas sírio-libanesas, onde senhores idosos e educados surgiam dentre montes de confeitos coloridos que me hipnotizavam por completo. Ia com um caderno para reunir palavras exóticas, entre tâmaras e nozes, e me intrigava a beleza dos rabiscos em árabe, a pronúncia misteriosa. Até hoje o árabe guarda um prestígio especial para mim, pois nele se misturam a cultura popular carioca, os doces coloridos e os antigos donos das lojas da Alfândega.

Terminada a guerra civil, o Líbano tornou-se uma extensão do Saara carioca. Eu passava as férias no coração de Beirute, entre a linha verde e a Universidade de São José. Era um país devastado, que saía cheio de feridas e incertezas de um cenário físico e moral, em mil fragmentos, embora permanecesse intacta a sua cultura plurissecular. Não esqueço quando tomei chá no terceiro piso de um prédio parcialmente em ruínas, que mal se equilibrava em sua estrutura, tal como o Líbano daquela quadra. A Síria dominava o país e seus soldados ocupavam-se da segurança nos checkpoints espalhados pela cidade. Vi a humilhação dos campos de refugiados palestinos, Sabra e Chatila, ferida de um povo que não para de sangrar. O Líbano foi para mim a escola que abriu caminho para tantos rumos, como a tão amada Síria e os meus estudos rudimentares de hebraico.

O atentado recente em Beirute, em sincronia com os de Paris, deixou 43 mortos e mais de 200 feridos, em ação do Isis contra o Hezbollah. Foi o maior desde os anos 1990 e preocupa porque o Líbano é a nação que mais vem sofrendo com o desastre humanitário da Síria. Abriga hoje mais de um milhão de refugiados, como não fez, aliás, nenhum outro país. O sistema político libanês é frágil e o esforço de algumas lideranças responsáveis concentra-se em evitar a todo custo o risco de um colapso, dada a proximidade com o olho do furacão.

É preciso apoiar decididamente o Líbano, como um barômetro da região, aliado essencial no desenho futuro da paz da região, com o fim do califado, a saída de Assad, as eleições livres na Síria, a redemocratização real do Iraque e a imediata constituição do Estado Palestino, com o fim da prisão a céu aberto da Faixa de Gaza. Ancara também terá muito a dizer sobre o que fez e o que deixou de fazer contra os inimigos de Damasco. Nem ficarão em silêncio os países do Golfo e o Irã.

O fato é que as grandes potências subestimaram o Isis e a guerra não é a única solução, porque se trata de um combate de mentalidades. Enquanto não se reconhecer que o Isis é também filho do Ocidente, não haverá remédio eficaz. O Líbano dará sua contribuição para vencer a guerra, mais do que as bombas, e será pela cultura da paz.

Olodum e Lalibela

A queima de fogos deu ao Rio de Janeiro uma espécie de passaporte global para integrar o prestigioso número das grandes capitais da Terra por onde ingressa o Novo Ano, acompanhado pela escolta das grandes multidões, a fanfarra em altos decibéis e a sempre mais complexa, quase barroca, e cada vez mais longa pirotecnia. Pagou-se, contudo, um preço elevado: o quase eclipse das religiões africanas, que coloriam nossas praias, no dia 31 de dezembro, com uma carga poética inesquecível, para quem as alcançou. Todo um arquipélago de velas brilhantes, que pontilhavam a areia de luz e sombra, com os perfumados barcos de Iemanjá, boa parte dos quais azulados, e os tambores cadenciados, ao mesmo tempo suaves e vigorosos, que se confundiam com as batidas do coração.

Mas outra praia resiste e cresce. A um mês do Carnaval, vejo com alegria que o grupo Olodum prestará homenagem à Etiópia, dentro de seu projeto de trabalhar com as vozes da África, que constituem a espessa camada negra e polifônica de nossa História. "Lalibela Olodum" é o título da música, deliciosa de pronunciar, como um mantra, apoiado na letra "l" e na fartura de vogais.

Lalibela ou Lalibäla é das cidades mais fascinantes da Etiópia, com suas igrejas esculpidas na pedra, por ordem de um antigo rei, que sonhava edificar uma nova Jerusalém no coração da África. A igreja ortodoxa da Etiópia é uma das mais antigas do cristianismo, com uma visão de mundo original, calendário próprio, Juliano, e não Gregoriano como o nosso, com três livros a mais do que o Antigo Testamento, como o livro de Enoque, por exemplo, e uma liturgia de rara beleza.

Tão aberta para abraçar distintas narrativas, a Bahia é uma espécie de irmã da Etiópia, que também recebeu diversos influxos, sem abdicar de nenhum deles. A começar pela comunidade muçulmana, além dos "falashas" ou "beta Israel", que são etíopes judeus, a igreja ortodoxa, "tewahedo", com seus ícones luminosos e formidáveis cruzes de procissão, além das tantas expressões religiosas no vale do Oromo.

Tenho para mim que a Etiópia é uma das últimas reservas poéticas do Ocidente, onde os mitos ainda vivem em plenitude, com a beleza ao mesmo tempo sublime e selvagem, entre a esfera celeste e terrestre, onde as estrelas do céu e o curso dos rios se confundem com a própria história dos deuses e o perfume das flores. Todos podem dizer, como certo poeta, que cresceram nos braços dos deuses.

É possível que o Olodum represente o desenho do elegante alfabeto silábico etíope. O que importa é a retomada do diálogo com a Etiópia, não como quem olha para um museu, mas sim para uma poética viva, densa e arraigada, que aponta para sábias resistências contra uma homogeneização global, com as lições de um povo que se manteve independente e não perdeu a própria voz, leitura original de uma parte esquecida do Ocidente.

A Casa Comum

O futuro da pós-metrópole dependerá de um projeto global e solidário, centrado na consolidação da paz e da justiça social. E o modo pelo qual lidamos com os resíduos será, sob múltiplos aspectos, parte decisiva do processo. Lembro Zygmunt Bauman: "os lixeiros são os heróis anônimos da modernidade", quando não, mártires, como os *dalits*, os intocáveis, obrigados ao inominável, como testemunhei com meus próprios olhos na duríssima periferia de Nova Déli.

A encíclica "Laudato Si'", do Papa Francisco, traz a desigualdade social para o centro do debate ecológico, e chama a atenção justamente para os vulneráveis, que são as "pessoas descartadas", a descoberto dos direitos fundamentais. Esse doloroso círculo vicioso, e refiro-me à degradação do homem e da natureza, de modo inseparável, tornou– se dramaticamente claro com as chuvas de 2010, que causaram o deslizamento de terra no Morro do Bumba, em Niterói, erguido sobre um antigo lixão, quando se perderam 267 vidas.

Não apenas o futuro da pós-metrópole dependerá de uma nova relação com o meio ambiente, mas o futuro da própria humanidade, como lembra o filósofo Emilio Eigenheer, desde os anos de 1980, quando criou o primeiro projeto de coleta seletiva no Brasil.

Quase um profeta urbano, ao tratar com ousadia todo um conjunto de questões que pareciam inabordáveis, antecipando a problemática dos resíduos. Sob uma visão holística, de quanto os atravessa e constitui, como interessante representação, pode-se captar o desenho do imaginário. É o que fazemos ao lidar com o lixo, que se torna ambiguamente sagrado, ao mesmo tempo bendito e maldito, puro e impuro, parcela de Deus e do diabo, rito de passagem que se renova a cada dia.

Emílio prepara uma nova mostra sobre coleta seletiva. Resíduos que tecem uma biografia urbana, marcada pela globalidade de seus variados e incontáveis fragmentos. Pequenas galáxias, regidas pela força gravitacional da memória, efêmera, com estrelas natimortas e paradoxalmente redivivas, entre a luz e a sombra residual.

Agrada-me a contemplação de fundo filosófico da futura mostra, com sutileza interdisciplinar, que não perde a assimetria social, tatuada no corpo da cidade, eviscerada, em torno de seus múltiplos escombros: livros preciosos, retratos antigos, selos e postais, que emergem de uma estranha era paleolítica, dos dias que correm, como garrafas lançadas ao oceano do nada.

Se já não podemos esperar pelo anjo da história, contra um modelo social perigoso, em meio aos fragmentos da modernidade tardia, é chegado o momento da proposição de políticas públicas contundentes, que levem a pós-metrópole ao protagonismo da mudança não apenas das fontes de energia, mas de um velho e perigoso paradigma que precisa ser, de uma vez por todas, superado, em benefício de nossa casa comum.

A FEB e os Canibais

Há quase setenta anos terminava o flagelo da Segunda Guerra, com um número impensável de crimes contra a humanidade. Basta recorrer aos livros de Primo Levi ou de Imre Kertész para alcançar o horror dos campos de extermínio. Ouvi desde pequeno a história da Guerra contada por meus pais. Nasceram ambos em Massarosa, pequena cidade da Toscana, situada entre Pisa e Lucca. Como explicá-la, sem citar as termas de Nero, sem lembrar as belas colinas, salpicadas de igrejas românicas, ou sem mencionar o lago de Massaciuccoli, de que Puccini era íntimo? Foi a primeira cidade libertada pela FEB, na tarde do dia 16 de setembro de 1944.

As narrativas de meu pai eram em preto-e-branco, mais sentidas, talvez, mais espinhosas, no fim de sua adolescência, ao passo que as histórias de minha mãe, menina ainda, eram coloridas, cheias de inconfundível graça infantil, para recusar, decerto, os absurdos que então feriam seus olhos. Uma diferença de oito anos separava os narradores, a matéria e a espessura das coisas que viveram.

Vejo meu pai caminhando com destemor, debaixo do bombardeio americano, em Pisa, quando perdeu todos os colegas de turma, em 31 de agosto de 1943. Vejo minha mãe morder com raiva os dedos de um soldado alemão, que sadicamente aproximava e afastava de sua boca um pedaço de chocolate (sonho das crianças naquela carestia) enquanto ele puxava com raiva suas tranças louras. Faltou pouco para uma reação desproporcional não atingir toda a família.

Meu avô materno vivia da terra e mandara enterrar trigo e tratores, a fim de que não fossem parar nas mãos dos nazistas. Passavam fome (como quase todos durante a guerra), apesar da provisão, mas de pé, cheios de brio. Um de seus primos foi levado à força para a Alemanha e nunca mais voltou.

Quando os nazistas começaram a retirada, para formar a conhecida linha gótica, tiveram o cuidado de recomendar os brasileiros, como selvagens e perigosos, que não respeitavam sequer velhos, mulheres e crianças.

Como não se podia confiar nos soldados alemães, deixavam um rastro de dúvida e de espanto. Com a chegada dos brasileiros, as mães fizeram um cordão de isolamento, de mãos dadas, para proteger as crianças dos supostos canibais. Nossos soldados gritavam, num italiano improvisado: "Venire qua! Ser bom!" E como as mães não baixavam a guarda, os brasileiros começaram a jogar chicletes, balas e chocolates e as crianças romperam, incontidas, o cerco materno.

No mesmo dia, o alto comando brasileiro decidiu ficar na casa de meu avô. Ao ver o piano, o general Zenóbio da Costa fez chegar a minha mãe umas partituras cariocas. Os pracinhas consolidaram as relações do Brasil com a Itália. Oito anos depois, meus pais vieram morar no Rio de Janeiro.

A Segunda Guerra acabou, mas sua memória não pode terminar, somos todos, direta ou indiretamente, sobreviventes do Holocausto.

Índice de Barbárie

Pega visão
Dialeto do cárcere

Carta a um Jovem Preso

Caro Luís: suas palavras me emocionam pela força e ousadia. Como um grito no meio da noite. Carta luminosa, escrita com tinta azul, mais ordenada que a caligrafia de seu destinatário. Dividimos a mesma terra, o mesmo céu e a mesma lei. A infância que vivemos nos aproxima um do outro. Irmãos de um tempo sensível, aberto para um mundo indiviso.

Você me lembra um amigo que, dentro do cárcere, e no início do século, também me escreveu, leitor voraz. A essa altura terá deixado a prisão, assim como você vai cumprir a pena, antes dos trinta anos de idade. A biblioteca prisional é a descoberta de um novo continente, onde literatura e liberdade coincidem.

Concordo: a literatura abre todas as celas, que são muitas e sutis, quando não invisíveis, dentro das quais vivemos, todos, sem exceção, mais ou menos conscientes da liberdade que precisamos conquistar. Não diminuo, apesar disso, um milímetro de sua dor e inquietação. A sua história acusa a ausência do Estado e o caminho áspero e solitário que o levou ao cárcere. Somos todos culpados, em certo grau, embora o artigo e a pena recaiam sobre o indivíduo. E aqui também nos solidarizamos um com o outro.

Você me impressionou ao falar de *Crime e castigo*. Dostoievski continua vivo nas bibliotecas prisionais, requisitado desde o título, com uma visão aberta sobre as humanas vicissitudes. Volte ao ponto em que Raskólnikov abre o coração para Sônia. Com lágrimas nos olhos, ela promete acompanhá-lo até a prisão na Sibéria. Como a sua noiva, Luís, que não o abandonou, como reserva de esperança e antídoto contra o isolamento.

O cárcere é um índice de barbárie, com a lógica de uma privação excessiva, avalizada por um Estado ausente, no qual milhares de apenados aguardam, sem advogado, num interminável purgatório, o julgamento a que têm direito, como se fossem almas penadas e não cidadãos. Quem vai responder por uma espera infinita? Sou a favor do fim do cárcere, não somente através dos números sem rosto, das estatísticas, mas pelas visitas que faço aos nossos presídios. É preciso enfatizar as penas alternativas, recorrendo ao isolamento apenas em caso extremo.

O caminho passa pela mudança do sistema prisional num polo de educação integrada, com escolas e bibliotecas, construindo lá dentro o que não se fez aqui fora. Ler os livros para ler o mundo. Não se pode subestimar o papel da leitura e de sua força libertadora, a mesma que levará você, estou certo, a cursar a faculdade de Direito.

É preciso responder ao desafio de um Brasil mais fraterno.

Imagino como queima o desejo de retomar as rédeas de sua própria vida, assumindo-se como sujeito pleno. Como quem se liberta do passado e de cabeça erguida. Um colega de utopia, capaz de promover a justiça e o acesso aos mais elementares direitos do homem no sistema prisional.

Caro Luís: aqui começa uma vida nova.

Pedrinhas

As imagens apocalíticas do presídio maranhense, postadas na rede, e acompanhadas pela sequência de mortes intramuros, refletem a condição inominável de boa parte do sistema carcerário. Denunciam quanto é frágil a capilaridade democrática de nosso país, como se a prisão fosse uma terra proibida, onde a República age apenas de forma intermitente, como se o estado de direito precisasse negociar tudo aquilo que, em diferentes graus de temperatura e pressão, não se poderia jamais negociar. Sejamos claros: justiça não é favor, nem obra de caridade para quem cumpre pena, mas um direito essencial, a que se obrigam os poderes constituídos. Direito que não termina com a privação da liberdade.

O Ministério Público e o Conselho Nacional de Justiça realizam um trabalho valioso, de que se destacam mutirões processuais, debates com a sociedade, relatórios e sobretudo a reinserção, com projetos em distintas modalidades de emprego. Mas não basta. É preciso que as partes diretamente interessadas assumam a responsabilidade integral desse projeto republicano.

Já em 2008 a CPI da Câmara dos Deputados definiu a situação do presídio de Pedrinhas, sublinhando com repúdio a superlotação, a "salada" de presos – jovens e idosos, doentes e sadios no mesmo espaço –, a tortura, a degradação alimentar, a falta de assistência médica, jurídica e educacional.

E não se fez nada! Pedrinhas é um Carandiru a prestações, sem voz, quase invisível, que fere frontalmente os direitos humanos, com ares de aparente legalidade. A distância que separa os apenados das instâncias judiciárias, em muitos casos, chega a ser a mesma entre a Terra da Lua. E não me refiro apenas ao Maranhão, mas a todos os espaços que resistem ao estado de direito.

Trata-se de um modelo de prisão que produz a morte progressiva daqueles que cumprem pena, cujo débito moral (quando pleiteado) mostra-se completamente assimétrico, na hora de fechar o balanço da morte: o menor preço é reivindicado pelas mãos ausentes e, portanto, "limpas" do estado, ao passo que a parcela mais alta é cinicamente atribuída à chamada "barbárie", dos presos que se matam como feras e sangram as finanças públicas de um estado essencialmente bom (sic). Não passam de homicídios que seguem a lógica do cárcere, com uma geografia que não distingue os presos a partir das facções – incorrendo numa salada mais explosiva que a revelada na CPI da Câmara –, com atritos múltiplos, ajustes de conta e vinganças recorrentes, na disputa de poder e território nas alas prisionais.

As secretarias de administração penitenciária têm o dever de propiciar um ambiente de respeito à subjetividade. Trata-se de uma atitude fundamental para a democracia.

A tortura no Brasil não terminou. É preciso olhar o passado e o presente com a mesma indignação, com a mesma e incontornável fome de justiça.

Além das Grades

Numa chuvosa manhã de agosto, visitei a escola estadual Agenor de Oliveira Cartola. Situada no presídio Esmeraldino Bandeira, pode-se dizer que foi erguida pelas mãos de seus alunos, como num motivo libertário, a partir do tijolo ecológico fabricado na prisão. Quase um destino! Vejo os professores Ralf e Evaldo, o primeiro há poucos meses na escola, e o segundo, com mais de vinte anos. Tomamos café na sala dos professores. E logo me dou conta de que ambos não perderam a esperança. Ralf é professor de arte. Leva seus alunos (não detentos, atenção!) a muitas viagens no universo da cor. Mostra-me um trabalho de origami, de oriental delicadeza, feito em sala. O professor Evaldo ensina como a História se entrelaça com a biografia de seus alunos, enquanto sua colega, Miriam, diz ter encontrado na Agenor de Oliveira a estratégia para evitar que meninos de uma certa escola da periferia façam escolhas perigosas. Professores com grande energia, conscientes do papel que exercem.

Dirijo aos alunos algumas palavras de amizade e encorajamento. Não sei o que fizeram, nem eles tampouco imaginam o que fiz. Conversamos de igual para igual, porque estamos do mesmo lado. Não há mais que um lado. Tratamos de algumas leituras recentes. Olhos atentos, abertos, a conversa prospera com sinais quase fraternos. E por que não cantamos? Formou-se logo um belo coral. Metade da sala canta "Luar do Sertão", ao passo que a outra, responde com "Felicidade", de Lupicínio Rodrigues. Custa reunir as duas partes, mas o resultado, a capela, parece outro, e paciente, origami sonoro.

A conversa adquire nova temperatura: crime e castigo, a desigualdade é o "x" da questão: onde termina a pena, onde começa a liberdade? De repente, um estrangeiro tece uma observação oportuna. Pergunto de onde vem e responde como se viesse de um país inabordável. Dirijo-me na sua língua e pergunto pela cidade, que conheço, e um famoso poeta daquela terra distante. Volto, depois, ao português. Ele se levanta, com um estranho brilho nos olhos, caminha na minha direção, abraça-me e logo me beija no rosto. Talvez porque nos reconhecemos na sua língua-mãe, aqui, justamente, no deserto do cárcere, onde somos todos órfãos. E seguem novos depoimentos, respeitosos, mas em alta voltagem.

Eis o lugar essencial da escola no cárcere. Não se trata de luxo, mas de imperiosa necessidade. Urge ampliar os centros de ensino, em vez de insistir na redução da maioridade penal, este, sim, um crime inominável, de excessiva criminalização, como quem rouba o futuro. Precisamos de uma escola integral, dentro e fora das grades, com amplo número de matrículas, pelo Brasil afora. Não há, nem pode haver outra forma de inclusão. Abraçamo-nos, alunos e professores, enquanto seguíamos para a pequena biblioteca.

Convoco a última frase do filme "César deve Morrer" dos irmãos Taviani: "Depois que descobri a arte, esta cela transformou-se num cárcere".

Fome de Justiça

Um descalabro as tantas prisões midiáticas, determinadas com a azáfama típica das mudanças de cenário na comédia musical ou de uma tenda de acrobacias. Medidas que ferem o estado de direito e as garantias individuais. Assistimos a um produto do "reality" do Supremo, consequência da transmissão ao vivo, onde se alternam debates de valor, é bem verdade, margeados por apartes e discussões desrespeitosas, pareceres-show e dispositivos que não se coadunam com a dignidade da Suprema Corte, cuja transparência não precisa de um aval televisivo, que abre espaço a conflitos de interesse e legítimas suspeições. A justiça não cabe nas páginas de um folhetim, em que se move um herói vingador, aquele que poderia salvar o país do dragão da maldade. Uma justiça madura e eficaz, como processo de rotina, e não como a final de Copa do Mundo.

Nessa mesma semana fui ao presídio feminino Nelson Hungria, convidado para dar uma pequena palestra sobre o livro e a liberdade. Uma biblioteca breve e bem escolhida foi a primeira surpresa, além das cores com que as alunas pintaram a escola da unidade. Depois, todos aqueles rostos, atravessados por uma fome de mudança, rostos variados, tantos, boa parte dos quais cheios de comoção. Olhos em que brilha a obstinada luz do "ainda-não", que as faz seguir em frente, com a geografia particular de seus afetos. Chamam-se Marisa, Teresa, Maria. Mas que importam os nomes? Não quiseram saber de meu passado e eu tampouco me interessei pelo passado daquelas senhoras. Como disse Agostinho, o passado deixou de ser e o futuro não veio. Portanto, só há presente. E estávamos ali convocados pela duríssima beleza do agora.

Lembrei a todas que sonhamos de olhos abertos, sobretudo de olhos abertos, como disse Ernst Bloch, e que o presente só faz sentido através da construção que se faça da matéria viscosa dos sonhos, do tempo que virá por antecipação. Disse-lhes que eram noivas de um belo e atraente senhor, a quem deveriam fazer a corte e conquistar com arrebatada decisão: o futuro. E tentamos avançar nessa direção.

As perguntas nos aproximam, quebrando um mundo aparentemente dividido, nas malhas processuais ou nas franjas do código penal. Somos regidos pela poética do encontro, da boa vontade. Indago silencioso se a justiça terá olhos suficientes para alcançar essas moças e senhoras, que ainda me emocionam de tal modo que até o momento não sei definir o que vivi. Mas será mesmo preciso definir o que quer que fosse nessa esfera?

Fui almoçar depois com a diretora e as agentes penitenciárias. As cozinheiras são "moradoras" que preparam os pratos com suas próprias mãos. A fome silenciosa de justiça, no silêncio e no trabalho. Penso nas minhas mãos e nas suas, leitor. Penso nas mãos dos juízes e nas de nossas mães.

Porque sem compaixão não há justiça.

Casa dos Mortos

Estive recentemente na penitenciária Jonas Lopes de Carvalho (Bangu 4) para negociar, em prestações, uma dívida, a que respondo sem demora, com a própria visita ao cárcere. Antes de assinar as promissórias da dívida, lembro do adágio que diz: após a sentença, o delito e a pena deixam de ser uma questão estritamente jurídica, para atingir uma questão de ordem moral. E para os dois lados, os de dentro e os de fora da prisão.

Com a professora Fernanda Lopes, coordenadora de inserção social, chego a Gericinó segunda de manhã, dia de renovação, após a visita das famílias na véspera. Com o diretor do presídio, Marcelo da Hora dos Santos, entro nas alas e cumprimento a todos, que me respondem com educação. Como é difícil encontrar a temperatura das palavras. Não tanto o que dizer, mas o modo e a forma. Alguns degraus acima, o colégio estadual Professora Sonia Maria Menezes.

Converso em todas as salas com os alunos. E depois com os professores, para quem a escola não constitui favor, mas direito dos seres humanos, como o acesso universal à educação, defendido pelo diretor da escola, Ronaldo Almeida. Tampouco os alunos são classificados como artigos do código penal, do que fizeram ou deixaram de fazer. Cada qual é visto em seu projeto de emancipação. Sabemos, com Paulo Freire, a espessura da prática para a liberdade.

Atitude rara a de Bangu, porque a velha lógica da prisão é a de um monstro ciumento, que raramente se desfaz de suas vítimas, mesmo após a liberdade. Monstro que aposta na reincidência, na marca de um passado sem remédio, de um estigma. Eis a fisiologia e a anatomia da prisão, esta sim, desenganada e prestes a morrer. Creio firmemente no programa de educação e formação técnica que ocorre em Bangu. Vejo com grande interesse a remição da pena, através da leitura, em diversos estados do Brasil. Tenho como urgente a criação e o aperfeiçoamento das bibliotecas, dotadas de livros novos, com variedade e qualidade, não se limitando exclusivamente a conteúdo didático, paradidático ou de proselitismo religioso. Bibliotecas que sejam desenhadas com estatuto real de emancipação, da literatura como janela para o mundo, fonte de reflexão e encontro da esfera subjetiva. Da leitura como um gesto coral, em que se articulem as vozes dos que ainda não foram ouvidos ou não se fizeram ouvir. E assim poderemos apostar num direito penal mínimo, revestido de compromisso maior e dignidade. Sem as misérias do processo penal.

Ao deixar Bangu 4, penso em "Recordação da casa dos mortos", quando Dostoievski deixa a prisão, invocando, como um raio, a liberdade. Vida nova àqueles que pareciam mortos, e que entretanto renasciam como a Fênix.

O Grande Incêndio

Assistimos no começo do ano a um verdadeiro filme de terror nos presídios do Brasil setentrional. Vinte e cinco anos após o massacre do Carandiru, festejamos as bodas de sangue entre nossa desídia e o sistema prisional.

Cerimônia fúnebre, a céu aberto, num sórdido coliseu, com imagens *on-line* impensáveis, nas quais os detentos atuam, ao mesmo tempo, como leões e gladiadores de uma rixa autofágica. Eis o resultado de uma democracia de baixo impacto, em que mudam apenas o nome dos gladiadores – jovens negros e pobres – com o polegar dos internautas da ultradireita, voltado para baixo, contra a defesa dos direitos humanos, com milhares de "dislikes", de não curtidas.

As prisões dessa Roma tropical ainda não chegaram ao século XVIII, ao célebre livro *Dos delitos e das penas*, de Cesare Beccaria, que propõe uma proporção métrica muito clara entre crime e castigo. Ultrapassá-la seria incorrer na tirania.

A história do Brasil pode ser lida nos limites do cárcere, microcosmos que aclara as feridas de nossa formação em larga escala. O problema é antigo, assim como a mentalidade dos agentes públicos da era Carandiru-Alcaçuz, desde as declarações do "acidente pavoroso", em cuja masmorra "não tem santo", e que, por isso mesmo, seria preciso "fazer uma chacina por semana". Belo conjunto de frases para discípulos retardatários da eugenia.

O desafio não se limita aos poderes executivos. Se, por um lado a lei antidrogas de 2006 ampliou drasticamente a superpopulação nas celas, por outro, a estrutura mínima da defensoria pública não atinge as extremidades do sistema. Se não fosse o trabalho dos defensores, aliás, a tempestade brutal não teria fim. As facções surgem da massa carcerária para resistir a um Estado cruel, que não cumpre seu dever constitucional, tratando os detentos como se apátridas fossem, sem nome e identidade, chamados pelo artigo em que se enquadram.

Se houvesse dignidade nas masmorras, dificilmente as facções teriam alcançado tanto poder. Estado e facções andam separados: onde um se faz presente, o outro não aparece.

A Pastoral Carcerária exerce um papel decisivo, com seus quase cinco mil agentes, voltados para a promoção da paz e da justiça, trabalho de que dou testemunho nas visitas que fiz a algumas prisões. A ação da pastoral não se pauta pela conquista das almas. Seu compromisso fundamental reside na defesa dos direitos humanos, compromisso de solidariedade com o detento e sua família, trazendo de volta estilhaços de sonho num horizonte de futuro. Segundo o padre Valdir Silveira, a prisão não devia ser a primeira medida e defende uma espécie de nova lei áurea, com o fim da tortura.

A solução dependerá de uma política séria de inclusão. Ou aprofundamos a democracia ou seguiremos para uma convulsão social sem precedentes, além das grades, abatendo nossa Roma, onde não teremos um Nero capaz de abrandar a culpa do incêndio que não quisemos evitar.

Pentimento e Proporção

Regola, ordine, misura, disegno e maneira
Giorgio Vasari

Alma do Mundo: Leonardo 500 Anos

O espírito de Leonardo não perdeu um milímetro de sua juventude. Coincide com o sorriso de Mona Lisa, intenso e tangível, radiante e fugidio. Inovador. Leonardo institui uma abordagem ampla e integral do saber, sem fratura ou cicatriz, livre de importunas fronteiras e clivagens.

A cultura do Mais desvela a Alma do Mundo e ausculta seus batimentos cardíacos. Conhecimento ordenado mediante poderosa intuição.

Olhos agudos e partícipes. Equilíbrio da parte e do todo.

Sua obra encerra um misto de frescor e assombro. Ninguém foi mais longe. Nem se arriscou tanto. Ninguém viu com maior nitidez. Nem ousou colóquio mais vasto.

Leonardo transfigurou o presente para alcançar a intimidade do futuro, ao desenhá-lo, pressuroso, em seus cadernos.

Seu gênio não se restringe aos maquinismos que projetou, mas a um método plástico e rigoroso: a poética do conhecimento radial, que ultrapassa escafandros e máquinas voadoras, segundo uma leitura feliz, que não distingue arte e ciência, como intransitáveis mundos. É, antes, a busca de uma via transversal, de um conteúdo plástico e crescente.

Leonardo é membro da família de Platão, não tanto pelos instrumentos, ou pela forma de lidar com o mundo, mas pelo desejo do Todo, pelo adensamento das vozes, distintas e articuladas, enquanto experiência coral, na solidariedade dos fenômenos, na extensa rede que abrange as formas várias e as nuances do Todo.

Sublime, a correspondência entre micro e macrocosmo: desde a figura do homem de Vitrúvio, modelo universal, capaz de atingir causas secretas e análogas.

A herança leonardiana constitui jazida inesgotável. Não apenas aberta, generosa, como quem desafia, após meio milênio, os paradigmas atuais desidratados, que se dissolvem paulatinos na aurora do século novo. E que reclamam, afinal, um sentimento holístico, mais vasto e integrado, como princípio de entusiasmo inaugural.

Entusiasmo etimológico: "a mente do pintor assemelha-se à mente divina", segundo Leonardo, assim como "a necessidade obriga a mente do pintor a transmutar-se na mente da natureza para interpretá-la". A pintura é filosofia, corrigida pelo olhar, longe da selva de silogismos, que aborrecem Leonardo, assim como o desenho e as cores não bastam para desvendar a alma dos corpos e o movimento capaz de animá-los. A superfície não se esgota no olhar. Exige abordagem sutil capaz de penetrar a medula das coisas.

A técnica do *sfumato* rompe a barreira do mundo interno com o mundo externo. As mediações subjetivas da figura perdem a rija contenção de outrora, cujos semblantes irradiam alta dose de imprecisão, aura de mistério que aflora à superfície e compõe retratos deslumbrantes.

Se, para Leonardo, a poesia é pintura cega, a pintura, por sua vez, é poesia muda. O primado filosófico, sob as camadas multiformes da imagem (entre mímese e abstração), corresponde à pintura.

Leonardo ensaia uma poética da inquietação, defende a composição inculta, figura imprecisa, incompleta, sitiada por um conjunto de riscos sobrepostos. Rascunho incerto e visceral, quase um borrão dos mais variados *pentimenti*. E, no entanto, passada a tempestade, a superfície dissolve o labirinto e decreta uma paz inesperada, como se tudo resultasse de um mundo sem conflito, onde impera, serena e harmoniosa, a nostalgia do mais.

Folheio as páginas do livro *De divina proportione*, de Luca Pacioli, e os sólidos platônicos, cheios e vazios, ilustrados por Leonardo. Impossível não destacar o conjunto instigante que abarca as leituras de sua formação, de acordo com as listas nos *códices de Madrid*, e de outras leituras possíveis, transfinitas, conjunto que comprova a exuberância da Biblioteca Nacional.

Teria sido impossível não convocar a matemática atual para dialogar com o gênio visionário de Leonardo, além das questões, revisitadas, da seção áurea e da perspectiva, geral e aérea. Com o quinto postulado de Euclides, referente às paralelas, nascem as primeiras dissonâncias que levam às geometrias não euclidianas. Surgem aqui a sequência de Fibonacci, fluidos e fractais, a plasticidade intrínseca de padrões e algoritmos. A beleza, segundo G. Hardy, é a última prova da matemática.

Recordo o querido amigo Israel Pedrosa, que revisitou, no outono da vida, *A Anunciação* e *A Batalha de Anghiari*, com o *approach* de uma linguagem sua e pós-moderna; a espiral de Roberto Moriconi, ao dialogar com as elipses vincianas; e o fabuloso passeio pela Grécia, de Wesley Duke Lee, no helicóptero de Leonardo.

Celebrar os 500 anos da morte de Leonardo é a maneira necessária e incontornável de fazer a defesa de uma cultura poética e ecumênica.

Viva Guido Reni

Dois jovens artistas bolonheses da Itália encontram-se no Rio: Guercino e Guido Reni. Jovens porque suas obras parecem ter sido feitas hoje, sem uma ruga no rosto, sem qualquer sinal desses quinhentos anos. Digamos que houvesse apenas uma pintura no MNBA, em virtude de hipotética reforma, e que as paredes estivessem brancas, despovoadas, e que a única imagem presente fosse apenas "O Martírio de São Sebastião": mesmo assim a visita valeria, e muito!

Eu mesmo não sei dizer quanto tempo fiquei ausente, emocionado. Meus olhos não quiseram, não puderam ver outro quadro. Como se fosse um pacto de silêncio e sem volta, esmagado diante da beleza do São Sebastião. Nada substitui esse encontro livre, direto, sem intermediações, mesmo que você o tenha visitado nos museus Capitolini de Roma. Agora é ele quem nos visita. E se encontra em nossa casa, profundamente barroca. Além de cumprirmos o papel de bons anfitriões, que é dever sagrado, a visita vale, porque as imagens nos livros de arte, assim como nas redes, nem sempre dispõem de tratamento adequado e fidelidade ao original.

Toda vez que encontramos uma obra conhecida é como se apertássemos a mão de um amigo.

Temos um santo de harmoniosa expressão, o corpo no centro, apolíneo, como um sol, transpassado por três flechas, que não geram sangue, o rosto ligeiramente inclinado para a esquerda, os olhos puros, cristalinos, dirigidos ao céu. As várias gradações do rosa que se espalham ao longo do corpo e desaguam no rosto, sereno, tranquilo, quase budista, como disse o crítico Roberto Longhi, "advogado" de Guido Reni, estudioso de Rafael e Caravaggio – com quem dialoga parcialmente nosso Guido – no lirismo superior de Rafael e no realismo contundente de Caravaggio. Um sopro de grande leveza, quadros feitos com a matéria dos sonhos.

Como não lembrar de dois amigos saudosos? Leda Papaleo, que estudou todos os quadros do autor sobre Sebastião, e Manlio Cancogni, autor do romance "A viagem de Guido Reni", ainda não publicado em português.

Nesses dias de calor, sobretudo quando o sol se põe, mas também quando amanhece, somos cúmplices das cores de Guido Reni. Como se nossos olhos o reconhecessem e o adivinhassem, capazes de interpretá-lo sob a mesma luz de seu famoso quadro "Aurora", essa que incide sobre a baía da Guanabara.

E se você também é carioca, não lhe faltam vantagens nem motivos para reverenciar o santo protetor desta cidade, a quem não custa pedir que nos livre dos males urbanos, da interminável reforma do Centro, do corte de verbas na saúde, da fome de justiça e paz de que padecemos todos, dentro e fora do asfalto, nas partes altas e baixas da cidade, porque São Sebastião sabe que somos todos cariocas.

Cartas de Tarô

Escrevo com saudades de Israel Pedrosa, que nos deixou num domingo de carnaval, na iminência de completar os noventa. Movia-se ágil no andar superior de seu belo ateliê-biblioteca, laboratório alquímico, meditando horas a fio os decassílabos de Camões e os pigmentos de Ticiano.

Acabara de pintar as réplicas de Leonardo, Bosch, Pollock e Van Gogh, para dizer apenas quanto meus olhos alcançaram, cheios de espanto. Será preciso levar a público esses quadros, alta homenagem de um artista contemporâneo aos mestres da cultura ocidental, sublinhando essa atitude aberta de Pedrosa, que não se exilou na arte dos últimos trinta anos e nem ficou preso a uma bolha autorreferente.

Israel não se valeu de uma ideia abstrata da história da arte, mas das linhas de força de sua formação pessoal, com as modulações cromáticas dos navios de Turner e a liberdade da perspectiva de Portinari, com quem estudou e abriu um dos mais sólidos capítulos de amizade na história recente.

Um amigo de vinte e dois anos e mais de cinquenta cartas, profundamente ligado à Toscana, que conheceu e ajudou a libertar do jugo nazista, quando se alistou como voluntário na FEB. Chamou-se Jamile a grande companheira de sua vida, pianista de talento, quando o jovem casal estudava na inquieta Paris do Pós-Guerra, em passeios intermináveis com Pablo Neruda.

A cor foi a sua obsessão permanente quando se deparou, de volta ao Brasil, com alvíssimos lençóis quarando no varal do subúrbio. Guimarães Rosa disse-lhe mais tarde que a ideia da cor inexistente era em si mesma fascinante.

Israel elaborou mais de dez mil discos de Newton para dar início a quadros de puro encantamento. Escreveu um livro divisor de águas, *Da cor à cor inexistente*, hoje em décima edição, inaugurando uma linguagem nova, que serviu de base para a TV a cores no Brasil e para o enredo no desfile da Unidos da Tijuca.

Dentre os pintores de sua geração, Pedrosa foi o de mais vasto saber literário, político e social, como antigo militante do PCB. Terá sido o último dos humanistas brasileiros. Tão íntimo das modulações do azul em Rafael, do branco imponderável dos cavalos de Paolo Uccello, do sfumato no canto dos olhos e lábios de São João Batista. Nem por isso deixou de pensar o Brasil. Nem se furtou à polêmica na defesa apaixonada de Candido Portinari.

Inesquecível a série de vinte e duas telas, *Brasil em cartas de tarô*, uma notável coleção de arquétipos: a carta do Enforcado é Tiradentes; a do Prestidigitador, Drummond; a da Morte, ninguém menos que Martha Rocha. Presentes também Antônio Conselheiro e Getúlio Vargas, como formas complementares e antagônicas.

Haverá nova carta para um futuro mais justo e democrático em nosso país? Caro Israel, enquanto a carta não vem, escrevo emocionado essa mensagem.

Fluxo Bruto

Impressiona o nível deplorável do debate estético, promovido pela polícia teológica do Congresso, porta-vozes da vanguarda do mais puro retrocesso. A resposta precisa ser dura e por vias judiciárias, porque o protofascismo em que vão imersos não conhece limites. Merecem igual atenção por parte da sociologia e da psiquiatria. Não seria tampouco inútil indagar a tímida presença da arte nas escolas. É um imperativo categórico recuperá-la para a cidadania.

Feitas essas ressalvas, contra essa onda reacionária, visitei a exposição "Fluxo Bruto", de José Bechara, no MAM-RJ. Seus trabalhos ocupam a sala monumental do museu, em grande escala, dialogando entre si, na clássica diversidade de textura e materiais utilizados por Bechara – lona e alumínio, madeira e mármore e os fascinantes vidros planos. A curadoria celebra os 60 anos do artista e os mais de vinte de atividade criadora.

José Bechara é um artista inquieto, habitado por muitas vozes, e impõe, a todas essa vozes, uma linha transversal, uma ampla técnica mista, que propõe séries de operações híbridas, como poliglota inclinado às línguas que o assediam. A todas pertence, como um rebelde que não se afoga nos diversos suportes, antes se multiplica em cada língua, como se fossem espelhos de um mesmo rosto. E sem risco de monotonia, de uma paisagem autocentrada ou previsível.

Como nos rasgos de Lucio Fontana, Bechara institui um desafio temporal na superfície dos vidros sobrepostos, em variados tons de branco.

Percebe-se uma relação delicada do artista com a matéria. Sem violentar o suporte, nem por isso perde a própria voz. É mais uma estética de sedução das coisas brutas para o seu território, em intensa dinâmica. Volumes fortes, para não dizer dramáticos, flutuam no ar, como se um sopro de poesia extinguisse a força da gravidade, sustentados por uma nova estética do espaço, afixados, muito embora, por um guindaste, como as esferas "Ângelas" que inauguram uma cosmologia parcial.

O retrato do artista enquanto jovem adquire outra espessura e se desloca para um estado minimalista, segundo uma dimensão crescente e expansiva. Não teme o vazio, antes sente-se por ele seduzido. Sofre uma intensa paixão da distância. Passa do horror ao vácuo para o seu encantamento. Se o espaço é protagonista, a distância é a sua medida, ou quem sabe a Musa.

José Bechara ocupa um lugar definitivo nas artes plásticas. Cada exposição é um ângulo diverso, uma soma de risco, ensaio e combate, sem perder a dicção poética, motivo diretor dessa oficina subjetiva.

Sua obra ajuda a pensar nossa quadra, onde a barbárie parece dar as cartas, mediante a ostentação do arsenal da ignorância, dentro de uma democracia combalida, de baixo impacto.

A inteligência da arte é uma luz intensa. Talvez aqui, a ária da *Flauta mágica*, de Mozart: Os raios de Sol expulsam a noite.

Brilham Sinais

Manuel Bandeira foi quem melhor situou os escritos de Portinari. Não reduziu os poemas a meros satélites de sua obra principal. Antes, fixou passagens de alta densidade lírica, reconhecendo-lhe uma legítima herança memorial do Brasil: nos temas da infância que unem o menino impossível, de Jorge de Lima, ao menino de engenho, de José Lins do Rego. Infância pobre, entre os cafezais e o trem passando ao fundo, a visita do circo e os acrobatas. Os brinquedos improvisados, e poucos, autoproduzidos, bola, pião e bonecos. Portinari retratou essa infância, tão despojada e soberana, com aquele traço de dor, melancolia e solidão, que reconhecemos na tela e na página. Insuperáveis.

Brodósqui foi o seu motivo de mudança ou de reconversão estética, quando voltou da Europa. "Bem maior foi meu mundo no povoado e mais misterioso", quando em "certas noites de céu estrelado e lua, ficávamos deitados na grama da igreja" ou, ainda, quando "nas noites de temporal as casuarinas choravam um choro triste".

As lágrimas das coisas refletem-se na sua poesia, extremadas, até a dissolução daquele mundo que insiste, fantasmal, no poço da memória: "tudo que me fez sofrer e me fez feliz não existe mais. Não irei ao povoado. Não verei o trem e os zebus. Não terei mais aquela luz suave e repousante".

O objeto perdido em Portinari deu-lhe o contorno do tempo e da luz, linha, volume e perspectiva.

E porque as coisas se perderam, as árvores, as casas, o trem e os zebus, foi preciso recriá-las, na atmosfera do mistério da luz, de que Portinari era um iniciado. Mundo vibrátil, atravessado por uma piedade cósmica, em trânsito, do solitário ao coletivo: no jogo de futebol, nas cantigas de roda, no pião e no carneiro, cada qual com seus meninos, frágeis e altivos. Mesmo a visão ácida e mordente, na fome dos retirantes e nos trabalhadores do café, não perde a densidade lírica, intensa e mitigada.

Eis a matéria de sua poesia. Não através da comparação dos meios expressivos e da possível solução de continuidade, entre a cor e a palavra.

Em vez de seguir o adágio *ut pictura poesis*, outro caminho se mostra mais aderente: Portinari, grande leitor de poesia, capaz de absorver os elementos fundadores da literatura brasileira no século XX, entre utopia e distopia, *Macunaíma* e *Vidas secas*, *Pasárgada* e as *Gerais*. Suas ideias se confundem com a nova geração de poetas, a mesma angústia, o mesmo desejo de reparação, com um sotaque existencial.

Despontam os poemas que ditou, com aquele sentimento do mundo, por onde brilham sinais de ausência e nostalgia entre os mortais, para tornar, quem sabe, algo mais leve o canto do destino.

Espio as sombras se arrastarem/ Homens rudes e outros frágeis/ Carregando nos ombros o volume/ Pesado deste mundo.

Mignone 120

O Teatro Municipal do Rio me conquistou na juventude. Parte da minha vida se divide em antes e depois de alguns concertos e óperas. Uma espécie de memória afetiva prende-me àquele território, na forma de protesto ou entusiasmo, recusa e adesão, jamais indiferente às suas temporadas. Estudava as partituras ao piano, depois de acabar com os discos de vinil de tanto ouvi-los.

A história começa no final dos anos setenta, desde quando assisti a Franco Zeffirelli ensaiar a "Traviata" até a montagem de Sérgio Brito para o "Macbeth" de Verdi, em 2005, e prossegue aos dias de hoje. Como não lembrar minha primeira "Tosca", Grace Bumbry, e Franco Bonisolli, clamando às armas no "Trovatore", ou Paulo Fortes em "O Guarani", cujo ré final de sua ária parecia não ter fim? A lista é enorme e, com o passar do tempo, abriu-se a outras salas. Mas o Municipal me arrebatou como primeira pátria: nos canhões de luz de "Tristão e Isolda", dirigido pelo neto de Wagner, e na estreia de "O Sargento de Milícias", de Francisco Mignone, permeado de modinhas, lundus e sarambeques.

Saí do Municipal e busquei quanto me fosse possível sobre Mignone. Deslumbrado com a "Festa das Igrejas" e o monumental "Maracatu do Chico Rei", cujas notas reproduzo mentalmente.

Raros compositores podem rivalizar com sua cultura musical, a pesquisa intensa e a fulgurante intuição de sua obra. Poucos se mostraram tão livres, inquietos e produtivos, tocado pela série dodecafônica e pela música de vanguarda, como resulta de suas últimas entrevistas, assim como pensava a música popular, doublé de Chico Bororó.

A excelência de Mignone interessou o violão e o piano, orquestra e música de câmara, canções e obras corais, a ópera e a missa. Em suas partituras nos deparamos com uma dialética da construção e desconstrução musical, mais inclinado aos poetas que aos virtuoses, tendo a expressividade como norte, assim como nas páginas de Villa-Lobos, tão próximos e distantes um do outro, naquela força indomável que Mignone definiu em Villa como "genial pelo que a música dele nos ilumina, nos força, nos sangra em nossas transitoriedades".

Um diálogo das vozes mistas, de nosso povo com a música do Ocidente, levou Mignone a penetrar camadas geológicas de nossa tradição. Mário de Andrade teve papel fundamental, como sabemos. E não deu por encerrada a pesquisa das vozes de nosso país, com suas "Valsas de Esquina", aberto às novas gerações, como um Claudio Santoro, um Guerra-Peixe e um Camargo Guarnieri.

Devemos comemorar os 120 anos de Mignone, pois através de sua obra, tornou-se, com Mário de Andrade, um dos grandes intérpretes do Brasil no século XX. Mignone é uma luz nesses dias escuros em que se perde a perspectiva de nossa cultura, quando teatros e cinemas se transformam em igrejas, quando o país quase desaparece do horizonte do pensamento.

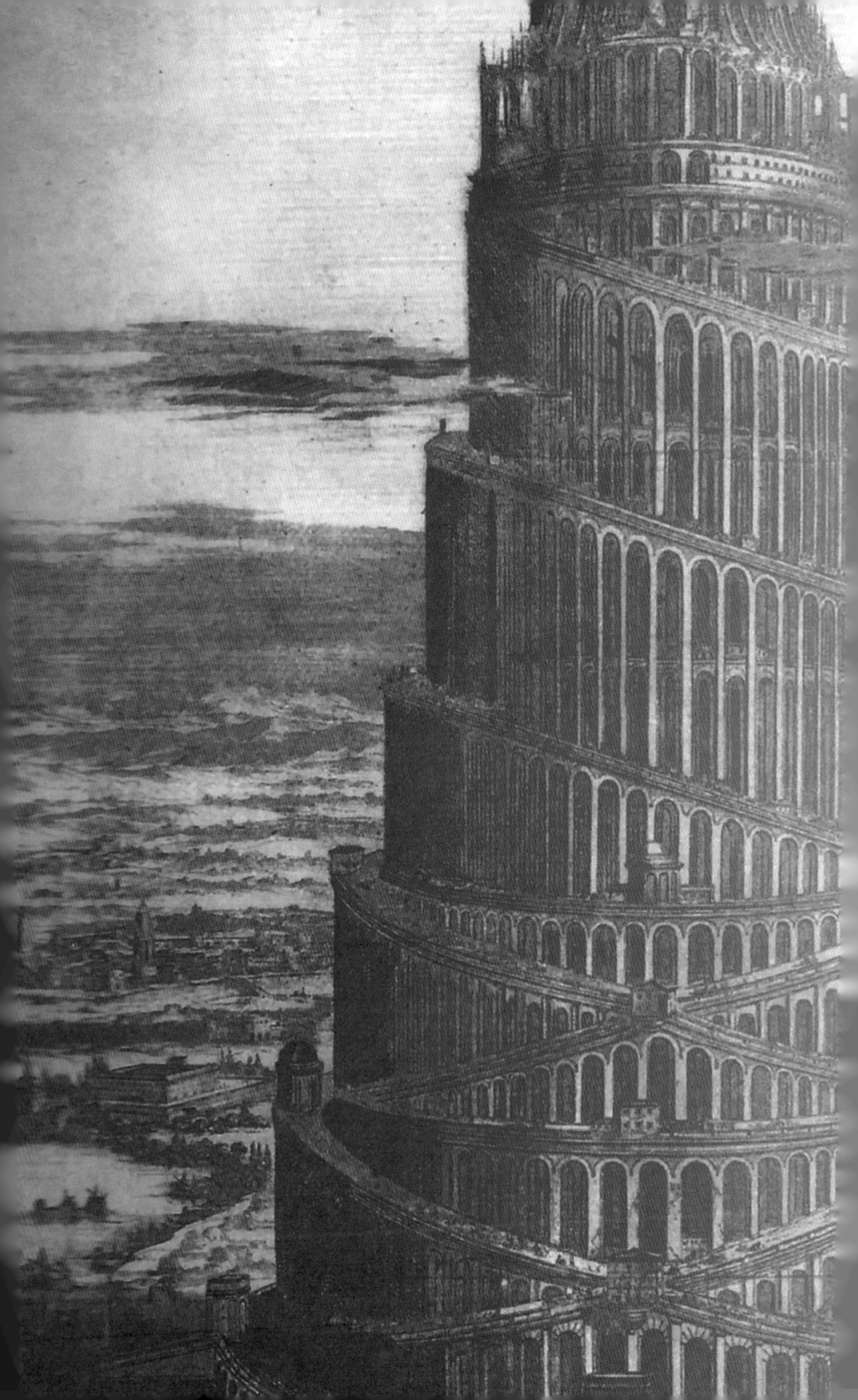

Corpo-Galáxia

Não há pronúncia sem voz
Bejan Matur

Um Mozart Afônico

Lembro-me do susto e da alegria, da viva emoção na primeira leitura de *Poema sujo*, adolescente ainda, quando a descoberta do mundo, dentro e fora dos livros, era uma demanda feroz, uma correnteza impiedosa e selvagem. Lembro-me do céu azul, naquela tarde de sábado. Lembro da livraria, em Niterói, da segunda estante do lado esquerdo. O coração batia forte, e do mesmo lado, e não me deixava fechar o livro, que continua, desde a década de setenta, vertiginosamente aberto para mim.

Porque se "muitos dias há num dia só", naquele poema havia uma enormidade de poemas. Foi o "Navio negreiro" de minha geração, o "Y-Juca Pirama" da segunda metade do século XX. Mesmo à vista desarmada, dos meus olhos meninos, não errei. Porque não se tratava apenas de um poema. Era também, sobretudo, uma poética de exílio e rebelião, esperança e enfrentamento, eis o que sentíamos, então, os brasileiros, os que estávamos do mesmo lado. Mas sem que o laboratório de Gullar perdesse um milímetro de sua dinâmica do espaço, mudanças de escala, dimensões cruzadas entre o corpo e o mundo, a História e a subjetividade.

Como se houvesse uma fina camada, ou película, esticada até o limite, fina e transparente, ao longo de todo *Poema sujo*, dentro de um lirismo que se revela em alternância: ora explosivo, generoso, radical; ora discreto, líquido, latente, como um obstinado rumor de fundo. Música sem melodia, sagazmente desafinada. Apenas ritmo, com variação mozartiana. Um Mozart impuro e afônico, revisto por Villa-Lobos, tal como Gullar revisitou a poesia brasileira, de Castro Alves a Drummond, passando pelas ferrovias de Jorge de Lima ou de Manuel Bandeira.

Não se deve perder a cosmologia no *Poema sujo*, porque ela existe e aclara perfeitamente a densidade das coisas, dos conflitos sociais, do *corpo-galáxia*, da vida dos insetos, da liquefação dos corpos a céu aberto. Poema longo, que devora a si mesmo e renasce, com a vitória de uma espécie de zangada visibilidade. Tenho uma palavra para traduzir minha ligação com o *Poema sujo*, e não encontro outra que não seja *entusiasmo*.

Somente agora vejo, menos de uma semana depois de sua morte, que Gullar não foi apenas um dos poetas fundamentais do século XX, mas dou como certo de que foi, e o confesso com emoção, um dos maiores heróis no cenário de meu quarto adolescente.

Eros e Psiché

Sete degraus sempre a descer é volume de alta poesia. Alta, porque levada ao descenso, ensaio de ousadia, pacto de sangue dos *happy few*. A viagem de Alceste e Orfeu pertinaz, solitária, ao longo de uma incontornável cerimônia de adeus. Como um rito de passagem, a descida de Eugénia coincide com a noite dos sentidos, de Al Berto e João da Cruz, as Moradas de Teresa e o *de mundo et partibus* de Adelia Prado.

"Meu Espírito, Minha Carne,
Meu Nome para a Alegria,
Minha Porta para o Amor,
Meu Amor:
não se pode amar sozinho:
a escuridão existe
e tu não estás aqui".

Baixar sete degraus, como um inverso Purgatório: eis aqui a gênese da transmutação, a travessia da selva escura, enquanto Eugénia espera a iminência da aurora, *aunque es de noche*. A noite dos dias. Talvez o dia das noites. Luz e sombra, porque amores são feitos de matéria ambígua:

"É tão funda a travessia da tua ausência que
estrelas se perdem para encontrar
o meu coração no escuro".

Não havendo outro modo de subir, Eugénia abre de par em par as portas de sua "bodega" interior, novo cântico espiritual, arrebatada, tantas vezes, entre feroz e sutil, ao passo que, outras tantas, ferida e alvejada, para logo emergir, renascida, de olhos fitos no ainda não, severos e fugazes.

Eugénia possui uma poesia sísmica, de larga magnitude, mesmo quando parece dizer o contrário, mesmo quando voluntariamente arrefece, no intervalo dos versos, nos rumores sutis que organizam seu canto, ao sabor de uma unidade descontínua, nas ligaduras, que soltam e amarram seus fragmentos, as falhas geológicas, o incessante vulcanismo de lava e lapilli. Mas não se apaga uma estranha calmaria:

"Sentei-me nas ruínas da minha casa,
essa verdade externa do meu interno amor,
o testemunho em pedra de desejo e de vida.
À minha esquerda, à minha direita, caídos
mortos sem combate, amontoados,
os meus líricos clichés e soterrado
debaixo deles, dos sonhos, dos planos,
dos pequeninos actos de adoração, soterrado,
o maior dos clichés, o pior
dos clichés, o coração.
Com um manto púrpura diante dos olhos
levantarei de novo estas paredes."

Eugénia de Vasconcellos é detentora de uma voz profunda, livre e rigorosa, humilde e altiva, filha e mãe das leituras que a atravessam, convocadas pela vida, estratos e camadas de presente, como o mármore de Bernini para Teresa em Santa Maria della Vittoria.

Uma Voz Límpida

A edição da poesia escolhida de Vera Duarte Pina não podia ser mais tempestiva. Primeiro porque recolhe, na forma de arquipélago, as partes dispersas das ilhas de Cabo Verde, apontando para um sentido de unidade, um rosto, com o desenho de suas próprias mãos. Em segundo lugar, porque uma antologia pessoal produz nova leitura, mais que um déjà-vu, causada pela vizinhança dos poemas – que agora dialogam face a face, e produzem uma terceira impressão –, pelo balanço entre os conjuntos ausentes e reconvocados.

A reinvenção do mar traduz variados níveis de leitura, a poética luso-brasileira e cabo-verdiana, formando um sistema, ao mesmo tempo, expandido e concentrado, único e plural. Contudo, é a navegação de cabotagem que importa, nas águas internas de seu mediterrâneo, lírico e lúcido, feito de remoinhos e águas calmosas. Há muita vida nessas páginas, sob uma perfeita economia de meios, que não perde a voz: a morabeza das palavras, esse tratado de armistício e cultura da paz, que não esconde, muito embora, as armas da denúncia:

"Em África nasce uma rosa/ Uma rosa entre cadáveres/ E dela brota um sol de sangue. / Rosa única de dor e revolta E dela queda o sol de sangue".

Uma geografia como ponto de partida, não de chegada, rosa áspera, cujo Sol deita sangue, em sua vertente misteriosa, espelho de povos que aderem ao novo estado de coisas. Sinto algo de Corsino Fortes, meu saudoso amigo, as lições de Maiakovski e Nazim Hikmet, acerca da generosa disposição anímica, onde o animal político não diminui o animal poético.

Não podia ser diferente, pois sua vocação vem de longe, ao sul de tudo, como lemos em poema manifesto, em que Vera deixa as impressões digitais sobre a página onde apresenta uma filosofia da composição:

"Não morri jovem, nem poeta
Mas não quero que o meu sorriso se esvaia/ E o meu coração deixe de bater./ O fascínio vem-me de longe,
De tão longe que lhe perdi o começo".

Perder o começo, pois esse mar é feito de abismos de sentido, distintas camadas de significação. Como disse Jorge de Lima, "há sempre um copo de mar para um homem navegar". Eis a metáfora transversal de seu país, que também divide este livro, em que o leitor respira os ventos que varrem as ilhas, num copo de mar, onde flutuam versos afortunados.

Mas é também sabido que nenhuma ilha é apenas, e em si mesmo, uma ilha, um descontínuo fechado, perdida num tempo infinito que não passa. Toda ilha é latência, espera e destino.

Os poemas de Vera encarnam uma profunda solidariedade entre os continentes, um descortino de analogias. Uma parte que vai de si para o mundo, e me refiro a uma erótica política, espécie de corpo métrico voltado para as dores do mundo e aos tempos que se cruzam justamente entre micro e macrocosmos. A marcação lírica a pronunciar o universo, diante da metáfora, humana e real, que uma vez mais aponta para a África, cujo futuro não cessa de crescer, olhos abertos para o novo, Pasárgada remissiva e necessária. Aqui a presença de Vera, uma das vozes mais límpidas em língua portuguesa:

"Neste momento em que te amo/ Na Namíbia e no Zimbábue,/ Violam-se a cor dos feitos nas capitais dos impérios.

Neste momento em que te amo/ Eu e tu, sentados na ilha, no banco da praça, olhando o mar,/ Saberemos ser amor e no nosso abraço aquecer o mundo".

Saudades de Jorge Wanderley

Porque foi essencialmente um homem de letras, raro, integral, sob uma espécie de baricentro borgiano, com seu *Aleph*, vivo e fascinante.

Jorge: monge beneditino, no coração da pós-modernidade, cujo incenso, na liturgia da palavra, era o cachimbo, *ceci n'est pas une pipe*, que compunha ao seu redor uma densa névoa. Das regiões setentrionais, fumo holandês, como revelou num passeio. Fumos de Holanda, entre Portugal e Recife. Armas de Holanda. Depois, *Fliegende holländer* no Rio. E, naquela névoa, desenhava os olhos de Beatriz e Diadorim, das quais se enamorou. E no corpo de ambas, incerto e radioso, fez-se poeta e refinado tradutor.

Teórico do processo de transporte da língua de partida para a de chegada, Jorge criou a teoria da negociação para o ofício aplicado no campo tradutório. *Traduttore, bel lettore*.

Longas conversas na Biblioteca Nacional: Jorge, Ivan Junqueira e eu, entre Dante, Eliot e Baudelaire. Jorge andava mergulhado até os ossos na tradução da *Divina comédia*, com aquele zelo etimológico da poesia, realmente notável. Ao terminar os cantos do Inferno, abre as portas de seu laboratório, comparando soluções com as de seus predecessores.

Ali Jorge consolidou uma poética, rimas camonianas, compassos e células rítmicas das tercinas, de modo original, como um largo *work in progress*.

Partiu cedo, mas o legado resta, valioso, tesouro incontroverso, realidade notavelmente expandida, como quem abraça a literatura-mundo.

Suas páginas dantescas emergem das águas do Capibaribe, de Bandeira, e da hídrica, nada úmida, de João Cabral, assim como Drummond, no plano existencial, mais afinado com suas antenas e sensibilidade.

Alcançou agora a pluralidade agônica do alfabeto hebraico e o rosto de um poema sem rosto, que vibra como pura energia.

Dante 750

A poesia de Dante permanece viva, com uma notável atualidade. O poeta florentino tornou-se, ao mesmo tempo, autor e personagem de uma obra que navega no imaginário de línguas e povos, como se fosse um fantasma vivo, no palácio da luminosa metáfora que é *a Divina comédia*. Seus cantos foram escritos no exílio, subindo e descendo escadas que não eram as de sua própria casa e comendo o pão salgado longe de sua amada Florença.

Trata-se da refundação da poesia, como sabemos todos, não apenas teológica ou filosófica, mas igualmente política, vivida com ardor e esperança, ódio ostensivo e tênue desejo de reconciliação. Se você desceu até o último canto do Inferno, continue a leitura pelas escarpas do Purgatório e mergulhe, de óculos escuros, na luz imaterial do Paraíso, que continua até hoje um programa de vanguarda poética.

Dante tomou para si a tarefa de julgar amigos e inimigos, legislando sobre o lugar no outro mundo e o tipo de pena ou fruição.

Ele próprio temia ficar provisoriamente entre os soberbos do Purgatório.

Seria aconselhável a leitura dos 34 primeiros cantos no Inferno a certos políticos irresponsáveis de nosso tempo, a certos magistrados, que perderam a lucidez, movidos por interesses partidários, aos fascistas aguerridos, que assumem a linguagem da violência física e verbal, aos irresponsáveis que antepõem seus projetos pessoais em detrimento do país, e a todos os que promovem o ódio, encontrem-se onde estiverem.

Os que não querem opinar, os que não tomam partido, terão lugar certo na antessala do Inferno, correndo nus pela eternidade, atrás de um símbolo inalcançável. Tenham cuidado certos líderes religiosos iracundos, sem falar da lavagem de dinheiro, porque viverão submersos no pântano da própria raiva. Aos corruptos, a natação na piscina de pez ardente. Aos hipócritas, passos lentos sob pesadas capas de chumbo. Aos ladrões, a rude metamorfose, amarrados por serpentes, e por elas picados, reduzindo-se a cinzas e retomando a forma originária. Saibam que os traidores ocupam a zona mais baixa do Inferno, dentre eles Cássio e Brutus, traidores da república, romana e universal, mastigados nas três bocas de Lúcifer.

Na quadra presente seria difícil determinar uma pena, tal a sobreposição de crimes praticados. Dante reservou também um confortável apartamento para os semeadores de discórdia, mutilados, com as vísceras à mostra. Quem dividiu, quem causou escândalo, traz no corpo a marca de seu crime.

Mas a *Divina comédia* não é somente uma obra marcada por um severo sentido de justiça. Uma viagem para Beatriz, na dimensão da esperança. E também sinal de dias melhores, sem patéticos salvadores, porque não há nada que se deva salvar na democracia, pois nada está perdido, mas sim aprofundar, com serenidade, a confiança do processo.

Um Simbolista Romeno

Ştefan Petică (1877– 1904) é um poeta de secretas sinergias, por onde brilha uma constelação particularmente cara, constelação ou nebulosa que traduz, de mim para mim, passadas leituras, solitárias, solidárias, de Aleksandr Blok, Cruz e Sousa, Georg Trakl e Dino Campana.

Seria apenas o começo, o demarcar tal genealogia, pois a angústia bloomiana de Petică dissolve-se na sua própria superação (*Aufhebung*), como quem se dessedenta nas águas claras do Cefiso para ver-se refletido à superfície. Águas aparentadas com o mármore, na dupla condição de água e pedra, verbo e luz, vislumbrada por George Bacovia, no poema "Você Morreu" ("Tu ai Murit"), ao despedir-se de Petică.

Primeiro simbolista romeno, respirou outros ares, decadentistas e pré-rafaelitas. Ele possuía o dom de tornar seu, realizando uma fusão soberba.

Seguia, nas esquinas intangíveis, a belíssima dama de Blok, ou também o jovem príncipe no encalço de Russalka; conseguia tirar do violão os harmônicos de Verlaine; colhia flores ubíquas dos quadros de Botticelli, do céu e da terra; guardava em coloridos frascos os aromas de Huysmans; e, à luz incerta do ocaso, despedia-se do

Sol, como Hölderlin, à procura de outras gentes, mais devotas e capazes de honrá-lo.

A obra literária não cessa em suas fontes, a velha etimologia crítica ficou para trás, e assim já não corremos o risco de estilhaçar um conjunto de sinergias em favor de um corte sincrônico autossuficiente. Petică não é a soma das leituras, mas sua síntese coral, a força genesíaca de um atrator, com rosto e digital reconhecíveis.

Ainda mais quando a projeção fantasmal, viva ou morta de Eminescu, formava um perigoso buraco negro, uma fome pantagruélica de devorar outros sistemas celestes ou novas formas de inscrição no sistema literário.

Impressiona o parricídio de Petică, necessário e inadiável, sem culpados ou inocentes, mesmo porque a ressureição do pai se traduz no corpo imediato da escrita *in hora mortis*.

Também causa impressão, com o devido cuidado de não se incorrer num fraseio teleológico da crítica, a desproporção, qualitativa e quantitativa, da consistência da obra e da idade escassa, quando, aos 27 anos, decidiu tornar-se um *Luceafărul* às avessas.

Olho para a sua poesia e descubro uma ardente celebração da língua romena, de seus imensos potenciais, alianças de sonoridade, aurora química, repertório de combinações "vivas, vãs, vulcanizadas". Não como ponto de chegada, mas como iniciação à viagem, força que empurra para a frente e convida a visitar as terras deflagradas, cujo salvo-conduto, ao longo de uma paisagem de semânticas e imprevistas sonoridades, consiste no vigor de uma língua multipolar.

Não conheço uma língua de fronteira, ao mesmo tempo, fascinante e perigosa.

Penso nos versos de Hölderlin e Trakl. De algum modo traduzem a parábola de Ştefan Petică. A primeira é que ele dá a impressão

de ter crescido nos braços dos deuses ("*im Arme der Götter wuchs ich groß*), pois mal se explica sua intensa e facultosa trajetória, num céu onde já não florescem os deuses, como disse Trakl ("*ein Himmel, aus dem kein Gott mehr blüht*)."
Ofereço a leitor a tradução de seu poema em prosa, intitulado "A Jovem Desconhecida".

O coro cantava um canto estranho e nobre, um canto de terras distantes:
"Ela surgiu numa noite branca e misteriosa, e para longe ofereceu à multidão exausta as suas mãos suaves como flores de paz.
Trazia nos cabelos e nas vestes um infindável perfume de glória e divindade e, porque dormira sob estrelas sagradas, seu corpo inteiro irradiava claridade.
Ela chegou, quando uma sombra olímpica enchia os céus desertos, e seu manto era tecido de prata e no seu roso virginal a noite dava místicos afagos, e o vento lhe dizia de volúpias vagarosas.
Enquanto se acendiam pálidas luzes na cidade, ela caminhava ao encalço do fabuloso amante, digno de seus beijos.
E a multidão a viu e a multidão gritou:
"Vá embora! Temos medo de teus olhos cheios de aurora. Queres trazer de volta à vida velhos sonhos e luzentes ideais, enquanto nós matamos os velhos sonhos e os luzentes ideais".
A multidão a viu e a multidão gritou.
As mulheres a viram e ao abandonar as casas, esquecidas das tarefas e da triste vida seguiram a altiva estrangeira que espargia por onde passava celestiais perfumes e cumpria na sombra o gesto dos jovens deuses e dos lírios cintilantes.

A noite se estendia criminosa; o céu floriu com límpidas estrelas, luzindo como um jardim milagroso e as mulheres sentiram crescer em seu coração gélido a ira fulgurante. No fundo dos olhos invejosos via-se arder a misteriosa ferocidade de quem profana a beleza.

E com pedras cortantes e pesadas palavras fecharam a boca que conhecia o segredo das palavras melodiosas, e sobre a divina morta com as suas mãos imundas vingaram-se do amor, dos sonhos e dos ideais".

Ah! Onde foi que ouvi esse canto outra vez?

Inquietude Semântica

Julgo a beleza como outrora
Senancour

Cony: o Diabo e a Carne

Não posso dissociar Carlos Heitor Cony de meu antigo professor do Salesianos, em Niterói, José Inaldo Alonso. Foi este quem me levou ao romance "Pilatos", siderado pelo estranho rumor de suas palavras.

Colegas de seminário, Carlos Heitor e José Inaldo não chegaram a padres. E, no entanto, nenhum deles perdeu a visão do mundo como liturgia, cujo centro era Roma. Munidos de adágios latinos, foram bater às portas da *Suma teológica*, para adoção da dialética tomista. Guardaram ambos a visão técnica e a elegância do conceito, mas de pronto se tornaram agostinianos. Leram *O diabo* de Papini e *Os grandes cemitérios sob a lua*, de Bernanos, pintaram quadros, tiveram filhos.

Carlos Heitor Cony fez parte de uma constelação inicial que incluía um traço de diversidade que abarcava tanto a vocação generosa de Alceu Amoroso Lima quanto as memórias poéticas de Antonio Carlos Villaça, os romances de Lúcio Cardoso e de Otavio de Farias, os poemas de Murilo Mendes e Jorge de Lima.

Cony criou um mundo literário singular. Homem de cultura, nunca se desligou do presente, do Brasil e do mundo. *Quase memória* é um de seus livros mais reconhecidos, ao longo do qual redesenhou a figura do pai na literatura brasileira. Trouxe Cony de volta a uma nova geração de leitores, como quem renasce de longo silêncio. E houve ainda *O piano e a orquestra*. Daí em diante sua obra não saiu de meu campo visual. Admirava o fato de navegar rio acima, contra a corrente, jamais prisioneiro de um lugar, de uma voz, de uma tendência. Espírito rebelde, sempre a ler o mundo a contrapelo. Uma espécie de Papini moderno, na sua dialética sem concessão, estilo que correspondia a uma atitude complexa diante da modernidade, líquida ou gasosa, à qual aderia com método, ou dela se afastava, em acordes dissonantes e sotaque neotomista.

Gostava de ópera e amava as igrejas de Roma, que conhecia na intimidade. Antepunha Lima Barreto a Machado de Assis, os charutos cubanos aos toscanos. Preferia Caravaggio a Guido Reni, Michelangelo a Bernini. A pincelada mais densa, o corte mais profundo.

Seu pensamento era um contraste irrequieto, fruto de escolhas excludentes. Um mosqueteiro pronto ao ataque, entre o diabo e a carne.

O Brasil foi a sua razão dominante e possuía uma forma toda sua de ler a História recente. Mesmo que nem sempre concordássemos, era impossível não ler seus artigos, não sentir o desafiado inteligente de suas posições. Um duelo importante no campo das ideias, quando o país se mostra cada vez mais jejuno de ideias.

Cony gostava de "Os Bruzundangas", de Lima Barreto, esse país estranho e paralelo ao nosso, íntimo e remoto, misto de rascunho e loucura. Esse modelo negativo de país é um espantalho que obriga a repensar itinerários. Um momento de intensa crise.

Nesse estranho interregno, sua obra guarda o brilho de um mundo esplendidamente gauche, onde respiram os grandes cemitérios sob a Lua, de um moderno Bernanos.

Coronel sem Lobisomem

Com a morte de José Cândido de Carvalho em 1989, a promessa do romance *Rei Baltazar* parecia de todo perdida para seus leitores. Cheguei a ouvir de José Cândido minúcias rarefeitas, na casa de nosso amigo Alberto Torres, na praia de Icaraí. Anunciada muitas vezes na imprensa, aludida em conversas, para cair quase no esquecimento desses últimos anos, quem poderia imaginar, passadas três décadas, que o manuscrito existia, e bastante avançado?

Seus filhos, Laura Lione Carvalho Santos e Ricardo Viana de Carvalho merecem nosso reconhecimento. Com amoroso labor e cuidado ordenaram as folhas, decifraram diversas passagens, com a lente de aumento, ora a desbravar a letra miúda ora a tinta da máquina de escrever, às vezes forte, às vezes pálida, seguindo quanto possível a cartografia da obra, em suas lacunas, para confrontá-la com a *intenção do autor*.

Fui ao livro com rara emoção, como se eu o conhecesse, antes mesmo de atingi-lo, na memória de um canto perdido. A primeira frase soa assim: "Saibam todos quantos estas linhas lerem ou delas tiverem notícias que não sou mais o tabelião juramentado Diogo Maldonado de Sá nem levanto as madrugadas na garupa do cavalo branco do parente Baltazar."

A linguagem forte, portanto, e a temperatura bem dosada, entre a rotina da burocracia e o desejo de evasão. Páginas que conservam as medidas do laboratório estilístico, demandas e tentativas que acontecem agora, diante de nossos olhos, fixadas no modo indicativo do tempo cartáceo. Cintila uma constelação de fragmentos, estrelas e asterismos, cuja potência entre as partes dispersas promove um destino solidário.

Crescem, ao longo do romance, núcleos de atração mútua, demandas virtuais complementares, obra em construção que persegue o sentido geral, partindo de vastos conjuntos elaborados.

Isso tudo em contraste, com outras regiões quase fechadas, ilhas rebeldes que brilham, solitárias, como se fossem contos ou novelas. Eis por que o *Rei Baltazar* fascina ao revelar o cenário do avesso, a casa de máquinas da ficção, que pode ser alcançada com grande legibilidade, através da exuberância de ordem sintática e semântica, por onde ecoam, renovadas, as vozes de *O coronel e o lobisomem* ou de *Olha para o céu Frederico*.

Tenho saudades de José Cândido de Carvalho, de nossos encontros casuais na estação das barcas ou no centro da cidade, nos dois lados da baía de Guanabara, no balcão de um café. Alegra saber que o *Rei Baltazar* escapou de uma espera quase interminável, como a de um dom Sebastião, que nunca se apresenta, guardado em algum escaninho, com risco de naufrágio iminente, entre a poeira e o descaso, onde terminam alguns capítulos da história literária. Mas ele adquiriu finalmente densidade, pompa e circunstância. E com alegria podemos dizer, a plenos pulmões: Vivas ao Rei!

Montaigne: Carta Infinita

Os "Ensaios" de Montaigne dão a impressão de que foram escritos para o nosso tempo, em pleno século XXI, tal o frescor e a contundência que se desprendem de sua forma de pensar. Hoje, como em meados do século XVI, as certezas se mostram voláteis e os valores mal iniciaram o processo de transmutação. Vivemos um tempo que se prolonga indefinido nas dores de um parto que não vem. E nem sabemos dizer minimamente quem somos. Convictos, muito embora, do que não queremos, e assaltados pelo não saber que nos incita a um misto de entrega e rebelião, no meio do caminho, entre utopias à deriva e a âncora da subjetividade, antes de naufragarmos, longe de um espectador. Não somos capazes de reunir os nossos fragmentos, senão através de uma segunda vida, paralela e projetada no campo virtual. Como diz Montaigne:

"Somos todos constituídos de peças e pedaços juntados de maneira casual e diversa, e cada peça funciona independentemente das demais. Daí ser tão grande a diferença entre nós e nós mesmos quanto entre nós e os outros".

Montaigne viveu a fundo um rol de contradições. Sua obra possui uma beleza serena e severa, escrita num século devastado pelas guerras de religião, suspenso entre novas e intrigantes geografias, que se estendem aos planetas e às estrelas, na medida que a Terra aos poucos se descentra. Montaigne busca entender o mundo através da janela, na colina onde repousa o castelo de sua propriedade, elaborando a apologia das diferenças, como o sempre visitado capítulo dos canibais.

Viveu a solidão povoada de vozes – que o trato com os livros pressupõe –, mas não se furtou aos apelos do mundo, às lides do campo e da Corte, que o convocavam e a que respondia com ímpeto obstinado.

Os "Ensaios" refletem horizontes seminais, no encontro de antigos e modernos, sem querelas, livres de pedantismo, levados por uma perspectiva aberta, sitiados pela dúvida, que se tornaria central no "Discurso do método". A reflexão de Montaigne é também um exercício tradutório em duas vias, a da cultura helênica e romana para o fim do Renascimento, como também a de sua própria biografia, traduzida para os séculos vindouros. Como se fosse um manuscrito dentro da garrafa, carta fascinante e sem fim, de cujas páginas nos tornamos locatários.

Trazer Montaigne para a língua portuguesa, como quem abre aquela garrafa, significa realizar uma tradução de múltiplas saídas. E sem perder a urgência da mensagem, a força do diálogo em que se apoiam os "Ensaios". Seus tradutores no Brasil partem da premissa de maior legibilidade, como deixam ver, cada qual a seu modo, os trabalhos de Toledo Malta, Rosa Freire d'Aguiar, Rosemary Abílio, que divergem na aplicação pontual daquele princípio, segundo o volume das frases e os matizes das palavras, que tantas vezes os aproximam e distanciam.

Sérgio Milliet mobilizou as energias poliédricas de sua ampla cultura ao redor da transparência de Montaigne, a tal ponto que decidiu traduzir as longas citações originais do latim e do grego para o português, em favor de um fluxo que favoreça o leitor atual, sem maiores concessões, entretanto, como se reescrevesse um Montaigne brasileiro, e sobremodo impaciente, como se declara o autor dos "Ensaios", quando anota:

"as dificuldades com que me deparo lendo, não me preocupam exageradamente; deixo-as de lado após tentar resolvê-las uma ou duas vezes. Não sou capaz de nada que não me dê prazer ou que exija esforços, e atardar-me demasiado em um assunto, ou nele me concentrar demoradamente, perturba minha inteligência, cansa-a e me entristece".

Há também um lado menos visível no texto em português de Milliet, que consiste em reordenar o timbre e a costura dos períodos, o laço que os envolve, aperta e distribui, na preferência dos vocábulos de uso corrente, nos intervalos feridos de silêncio no francês antigo.

A oficina tradutória de Milliet corresponde a um duplo sinal, do modernista convertido e do leitor dos clássicos. Duas atitudes sobrepostas, nem sempre pacíficas ou harmoniosas, dois registros que se defrontam na edição desse Montaigne, sob o signo de curiosos ruídos e inquietudes semânticas.

Traduzir é uma das fases essenciais na preparação do diálogo, o desenho de uma ética por onde se espraia o encontro de duas ou mais línguas, como quem escreve uma carta cheia de rasuras e correções, nos limites da margem e nas dobras do papel, segundo confessa Montaigne: "escrevo sempre minhas cartas às pressas. Habituei os altos personagens que me conhecem a admitirem minhas rasuras e correções, bem como meu papel sem dobra nem margens".

O tradutor dos "Ensaios" não passa de um carteiro imaterial, empenhado num encontro sem fim, na convergência de dois universos paralelos, um diálogo obstinado, a renovar-se no presente, enquanto espera leitores que ainda não vieram.

Eduardo Portella

Não direi de minha amizade por Eduardo Portella. Não encontro forças, abalado pela sua partida. Direi apenas do crítico, do pensador, que vivo permanece, como um dos maiores poetas do ensaio em língua portuguesa.

Eduardo Portella poderia figurar nas páginas de Walter Benjamin como um anjo em meio às ruínas, levado pelos ventos da História, quando começa a reunir as partes de um todo disperso. Poderia flanar igualmente nos versos de Baudelaire no limes de uma cidade infinita, um *Wanderer* na espessura da superfície. Portella fez de sua condição peregrina uma autêntica *forma mentis*, congenial ao tempo que nos desafia, para lidar com a astúcia da incerteza, na genealogia do fragmento. Sua leitura passa de um regime vertical para um trâmite radial, como um saber que se move a contrapelo das formas transitivas. Não aceita horizonte prévio, como a euclidiana geometria de Kant, mas segue uma perene reinvenção dos sistemas, como queria Sloterdijk, cuja trilogia mais de uma vez discutimos, à sombra das estantes da Biblioteca Nacional, levando à cena o jogo da Parte e do Todo, *dramatis personae* do repertório ocidental.

Portella desistiu de escrever *uma história de* para exorcizar uma rima conceitual que considerou perigosa, de um todo totalitário, mais inclinado a um todo totalizável, no corte do fragmento, como Wittgenstein, para atingir uma *história em*. Portella optou por um percurso intensivo mais que extensivo. A qualidade do pensamento não se mede por léguas de sesmaria ou latifúndio, sua métrica não se quantifica por testadas, mas de acordo com a potência qualitativa de expansão conceitual, no *conteúdo crescente* de Popper, ou na leitura de Heidegger sobre Hölderlin.

Portella sente a demanda do sistema que elabora em horizonte fértil. Como quem parte de uma norma fractal. Como quem reclama a vastidão da parte sobre o todo, assim como da síntese sob suspeita, como desejo potencial, sem veleidades sintáticas, alquimista que não se limita à busca da pedra, enciclopédia que indaga as malhas de um verbete inacabado, onde lateja uma sinergia multidirecional.

Nesse drama da parte com o todo, movem-se as máquinas do ensaio de Portella, que coincide com o círculo hermenêutico, sem um *deus ex machina*.

Sob a estética do risco, o ensaio patrocina uma fratura, um elemento descontínuo. Portella não admite as tautologias, os determinismos sublimados e escondidos. Imerso nos desafios da "baixa modernidade", Portella optou nos últimos anos pela dissonância, distanciando-se da síntese hegeliana, acolhendo a paralaxe de Žižek. Falamos do céu astronômico, de quanto meu corajoso telescópio captura na noite veloz de Itacoatiara.

A partir daí o sentido e a regra, a demanda e o percurso, o fluxo e a permanência operam como instrumentos de abordagem do real. Portella segue um processo livre e vigoroso, ao mesmo tempo ficcionista e poeta, elemento-chave de sua obra esse hibridismo, como quem flutua, com Claudio Magris, sobre um Danúbio de conceitos convergentes da política e da poética, de que se nutre sua terceira margem.

Portella é um nômade do pensamento, sem endereço fixo para não se aprisionar dentro de uma província. É inquilino da complexidade de Morin e do pensamento fractal de Mandelbrot, contradança da parte com o todo.

Nos últimos anos, o baricentro de Eduardo Portella migrou da crítica para a metacrítica e a novos pontos de fuga. Suas páginas se tornaram espantosamente híbridas e abertas, como um hermeneuta da suspeita, de quem realiza uma biografia indireta, a partir de sua intensa noosfera. Uma memória in progress, bem entendido, atravessada por um tempo que não fecha.

De Amor e Névoa

Não perdi a surpresa e a nitidez da primeira leitura de *O deserto dos tártaros* de Dino Buzzati. As tardes de verão, que me viram devorar tantos livros, como um adicto de terras distantes e intocadas, abrindo janelas e horizontes, aquelas mesmas tardes de verão podem testemunhar meu assombro com *O deserto*.

Um compasso infinito, uma vida inteira a esperar, inutilmente, a chegada dos tártaros.

Alguém disse que Buzzati é uma espécie de Kafka mais suave, porque deixa entrar, debaixo da porta, o sinal, embora equívoco, de uma tênue, e logo desmentida, esperança.

Não subscrevo essa interpretação. A espera adquire o tônus dramático e adia um acerto de contas com o real. Uma esperança que se dissolve, ilusória. E foram aquelas tardes fluminenses, que me sabiam e adivinhavam, que me emprestaram a moldura do clássico de Buzzati.

Anos depois, com a certeza de que os tártaros jamais haviam de chegar, quando as tardes fluminenses se perderam na memória, quando a descoberta do Outro me assaltava, impiedosa, segui de perto as páginas, duras e fascinantes, de *Um amor*.

É o mesmo Buzzati. De Giovanni Drogo, personagem central de *O deserto*, passamos ao atual Antonio Dorigo, como se a sonoridade e o destino formassem uma sequência de ruidosas harmonias: Drogo e Dorigo.

Se *O deserto* é de 1940, começo da Guerra, *Um amor* é de 1963, quando cessava o *milagre econômico italiano*. O primeiro romance não ocorre em parte alguma, ao passo que o segundo é radicado na inquieta e variegada cidade de Milão.

E, no entanto, o tempo e a geografia não circunscrevem a criação de Buzzati. Predomina irreversível a aventura solitária. O sujeito, em pedaços, à procura de um desenho, de um sentido, de um mosaico, sabendo que a ideia de um sentido, de um desenho e de um mosaico não são apenas inúteis, mas improváveis.

Temos o romance de uma paixão fatal e avassaladora que arranca Dorigo de uma vida estável e medíocre. E o atira, inopinado, nas águas abissais do feminino.

Uma história escrita com a neblina da cidade e um sol encoberto. Mais uma vez, uma esperança entre parênteses, suspensa, quase em eclipse. Dorigo é tragado por uma pulsão erótica, altamente complexa e dolorosa, ainda mais para um homem de cinquenta anos que não chegou a conhecer antes o continente feminino. E se apaixona por uma jovem, dividida e ocupada em mil amores, sob a esfera profissional. Nem sempre clara, todavia, a fronteira do afeto e de um contrato fugaz.

Releio *Um amor*, na cuidadosa tradução de Tiziana Giorgini, quando o ambíguo inverno deixa-se vencer pela nova estação. Quando coincide minha idade com a de Dorigo. De algum modo, sinto-me profundamente implicado nessa narrativa, como leitor ativo. Talvez compassivo.

Uma árdua metáfora explode nessas páginas, cujo final, eu me pergunto, poderia ser capaz de apontar para uma forma inusitada, quem sabe até um furtivo gesto de redenção?

Mestre Umberto

Espero que me perdoe o fato de não atender na semana passada ao convite para falar de sua obra. Preferi o silêncio e repassar algumas cenas de amizade, nesses últimos 20 anos. Primeiro, como leitor de sua afortunada obra, aberta, como sabemos todos, ma non troppo. Depois na reverberação de seu diálogo com Haroldo de Campos, mago da tradução, um de seus grandes leitores. E todo um modo de pensar a literatura, a estética, a filosofia, a sociedade de massa, na escola de sua meditação permanente e que se dividia entre Kant e o super-homem, entre a língua perfeita, pós-babélica, e a de Tomás de Aquino.

Anos depois, veio a inesperada luta corporal que travei com a tradução dos romances *A ilha do dia anterior* e *Baudolino*. Passava dias, quando não semanas, como detetive literário, ao encalço de uma palavra, bem parecido com o Guilherme de Baskerville de *O nome da rosa*. Singrei sua prosa como tradutor, quando um bando de palavras batia em retirada e me deixavam apenas uma parte da famosa pedra de Champollion. E quase me afogava na seção de obras raras da Biblioteca Nacional, bússola e GPS que me ajudava a desbaratar os casos semânticos mais perigosos.

Caro mestre, confesso que vivia no centro de um dilema, como um "visconde partido ao meio": queria ler seu próximo romance, com a onívora urgência de leitor, mas já me desesperava da futura missão de traduzi-lo. Torcia para que demorasse a terminar o novo romance, embora me sentisse adicto e saudoso das páginas potenciais. Usávamos fax, em meados dos anos de 1990, e através dele chegavam, a qualquer hora do dia ou da noite, novos esquemas para o romance, outros desenhos específicos, mudanças de curso, frases, palavras.

Nosso primeiro encontro deu-se em Bolonha, Rua Marsala 26. Tudo muito leve, sem sombra de pedantismo, cheio de bom humor, a ponto de eu mesmo expulsar a timidez que me seguia. Ouvi com atenção a tipologia de seus tradutores, de como eram terrivelmente meticulosos os alemães, presos a detalhes, a mais não poder, enquanto os japoneses passavam ano e meio em viagem, tirando mil fotos, para estudar lugares que o próprio autor jamais visitou, para depois, e somente depois, darem início à tradução. Já os franceses, cheios de autossuficiência, trabalham sem a mínima consulta ao autor do romance.

Não ouso imaginar a tipologia dos tradutores brasileiros, por conflito de interesse sem dúvida, mestre Umberto Eco. E a primeira conversa durou quase três horas, enquanto o frio não dava trégua. E mais uma vez, o tema da Idade Média, porque de algum modo ela não terminou, lida com todos os níveis de sua riqueza inestimável, contra os pruridos de tantos manuais positivistas.

Mestre Umberto, você mostrou as fraturas do Ocidente, onde se conjugam passado e futuro, sem medo. Sentiremos profundamente a sua falta.

Livros Fantasmas

Advertência Necessária:
Este ensaio é uma farsa. E o leitor pode passar para o próximo e sem remorso algum. Pois evoco um "marquês inexistente" e aponto um conjunto de livros falsos (excetuado o Catálogo *da biblioteca do excelentíssimo senhor marquês Umbelino Frisão*, única obra autêntica, de um tal Lúcio Marchesi (cujo conteúdo é falso). Descontados os livros de Umberto Eco, verdadeiros, ao quais não se incorpora a "Bustina" jamais escrita sobre Frisão.

O jogo Umberto-Umbelino nasceu do encontro havido em Bolonha, em 2001, numa longa conversa, quando conheci Eco.

A certa altura, disse-lhe que gostaria de escrever um ensaio-conto em que ele seria um personagem rodeado de livros falsos. Eco citou alguns e o jogo ficou no ar.

Promessa cumprida, como prova de admiração e nostalgia.

***

Do famoso catálogo de Lúcio Marchesi, que se concentra nos cem livros raros que habitam as bibliotecas de Eco e do marquês

Umbelino Frisão, elejo apenas quinze volumes, para rascunhar uma breve história centrada nas duas coleções.

A escolha recai sobre temas de interesse formal e conceitual que espelhem a gênese, a formação ou a ressonância dos arquétipos formadores de um presumível sistema Eco-Umbelino (Barbosa: 1992, 85).

Seguem os títulos:

(1) ABÁDIO, Celso. *Distúrbios analógicos na poesia ocidental.* Campinas: Jardim Harmônico, 1998. (23 x 18; prólogo, licenças, dedicatórias, 47pp.)

Trata-se de ensaio fascinante, influenciado, como o entende Hardold Bloom, em três vertentes: a) pela filosofia hídrica de Umbelino, a partir da ideia de uma "analogia quebrada", que constitui a cúpula mais alta de seu pensamento (Sacas, 2006: 143); b) pela noção de modernidade líquida de Baumann, que se debruçou na *Filosofia da litosfera*, segundo a hipótese pluricausal hidráulica, cara a Umbelino (Sacas, 2006: 151); c) pela presença marinha de *A ilha do dia anterior*, nas referências, contínuas e sutis, ao "determinante aquoso" do marquês, segundo o levantamento de Alemanno (1987:435).

(2) ALTER, Filomeno. *Memória sobre a causa pela qual o segundo pododáctilo supera a altura do hálux nos pés femininos de Sandro Botticelli.* Firenze: La Vecchia Italia, 1847. (21 x 15; ex-libris do autor, 29 ilustrações, 402 pp.)

Não há notícia de que Umbelino tenha cultivado a podolatria. *Sed contra* (Monod:1999, 243): o corpus frisoniano denuncia 98 ocorrências da expressão "inter pedes feminarum".

(3) BANANACHVILI, Loredana. *Enquirídio sobre a origem de caprichos, birras e teimosias de sopranos & contraltos.* Paris: Tomato

SOBRE A INCLUSÃO DOS IDEOGRAMAS EGÍPCIOS
NO ENSINO FUNDAMENTAL PARA MELHOR
PROVEITO DAS CRIANÇAS BRASILEIRAS.

House, 1973. (20 x 14; ilustrações, 15 gráficos sobre a proporção laringe-decibéis-histeria, 620 pp.)

À primeira vista tem-se a impressão de obra de pequena monta, para não dizer frívola e banal. Contudo, à medida em que avançamos na leitura, percebe-se que algo de Perec se insinua, a partir da relação entre sopranos e tomates, que tanto agradou Umbelino, a julgar pelo comentário a latere. Curiosamente essa obra permanece intacta na biblioteca umbertina, como se Eco não a tivesse lido, sem sinal de manuseio.

(4) BOTUL, Jean-Baptiste. *Tratado sobre a vida sexual dos filósofos prussianos*. Coimbra: Cadernos de Biopolítica, 1980. (20 x14, 140 pp).

Livro indispensável, segundo Michel Foucault para a compreensão de abstrusas leituras metafísicas, situadas a partir da confissão dos autores estudados, acerca dos instintos primitivos. Esse livro antecede o clássico desse mesmo autor, *A vida sexual de Immanuel Kant*. Eco dedica-lhe uma "Bustina di Minerva," enquanto Umbelino preferia comentar certas passagens de um ensaio, por ele considerado "um assombro ficcional" (Umbelino, 2007: t.2, 49).

(5) HARDING, Temístocles. *The oxford companion about the art to leave a terrible conference without being noticed*. Oxford: OUP, 1979. (20 x 14; 70 pp.)

No final da última página, escreve a lápis Umberto Eco: "um belo e oportuno manual de sobrevivência na selva de seminários e congressos, quando não encontramos uma porta de emergência ou saídas retóricas que nos salvem de todos os perigos de um discurso monótono e desastroso". (Umbelino, 2003: 446).

(6) HORMUZ, Latif. *Citoarquitetura do córtex cerebral dos tenores líricos*. Milano: Senza/Sogni, 2002. (20 x 14; com um poema apócrifo "Ressureição e Morte do Pomo de Adão", 80 pp.)

PROPOSTA DE REFORMA
DO CÓDIGO PENAL
ONDE SE PREVÊ
A TIPIFICAÇÃO DO CRIME
DE PRÁTICAS
ERUDITAS

Um *approach* com um fantasma conceitual que afasta e aproxima, ao mesmo tempo, a visão de Umberto e Umbelino: a neurociência, execrada pelo marquês, sobretudo quando pululam gráficos e disposições geométricas. Veja-se a entrevista instigante do marquês sobre a impossibilidade do Dasein (frisoniano) na matemática (Sloterdijk,2013:15)

(7) LIANG, Martônio. *Novum organum strutiorum. Simuladores de coragem na era pós-moderna.* Varsóvia: Ideias Líquidas. 2004. (19 x 14, 490 pp.)

Mais uma vez a presença de Baumann torna-se inegável, mesmo porque Liang foi um discípulo radical do filósofo polonês. Ganhou fama internacional com o presente volume, quando se recusou, ao contrário de outros, a aceitar a ideia de modernidade gasosa, e portanto, mais intensa e menos palpável (caso de megainvestidores de capital) do que a ideia de modernidade líquida. Na página 15, Liang reproduz a íntegra da carta assinada por Umbelino que o elogia por não tergiversar "na defesa de um pós-nominalismo aquoso".

(8) MEDARD, Gastão. *A retroversão das Tartarugas. Ensaio premiado pela Academia Brasileira dos Quelônios.* Rio Branco: Biblioteca de Estudos Transcendentes, 1991. (14 x 10; 20 pp.)

Desse livro quase desconhecido – todo anotado por Umbelino – nasceu a estrutura de *Kant e o ornitorrinco*, de Umberto Eco, muito embora em clara divergência com essa anacrônica e vagarosa Academia (Marchesi: 2015, 78).

(9) OTÅLIGHET, Carla. *How to endure the self-promotion of poets for at least one hour.* New York: Ego, 2005. (19 x 14; 700 pp.)

Pequena obra-prima de ironia. A autora cita as obras de Eco e Umbelino, Maquiavel e Mazzarino. A editora Ego centrou-se na qualidade pós-moderna do sujeito, com a praxis relativa do subjetivismo extremo. Há um capítulo delicioso intitulado "each poet a sect".

LORDOSI I L'ESCOLIOSI ENTRE
ELS JUTGES DE LA CORT SUPREMA DE JUSTÍCIA

(10) POMPONAZZI, Leão. *Vicissitudes freudianas de um bibliófilo*. Rio de Janeiro: Kleptus, 1989. (20 x 14; com 10 ilustrações tiradas do livro *L'uomo delinquente* de Lombroso, 90 pp.)

Umbelino Frisão nutre verdadeiro desprezo aos bibliófilos em geral. Não sem motivo aplaude as invectivas de Pomponazzi contra os colecionadores, a que não faltam desagradáveis detalhes freudianos, todos ligados à fase anal. Não poderia ser maior a distância com Umberto Eco, bibliófilo quase fundamentalista, que narra seus encontros inesperados com livros raros. Uma *libido* que explica o virulento artigo dedicado ao livro de Pomponazzi no jornal Corriere della Sera.

(11) RAIVOSO, José Maria. *De lapidatione eruditorum*. Paris: Omnibus, 1678. (20 x 14; 14 ilustrações de eruditos célebres assassinados, s.n., 310 pp.)

Trata-se de obra muito instrutiva, que encontrará decerto boa acolhida nos dias atuais. É título recorrente nas palestras de Umberto Eco, embora jamais lhe dedicasse um só parágrafo. Para Felipe Verdi, "trata-se de uma ausência freudiana. Umberto Eco não segue a opinião de Raivoso sobre os eruditos e muito menos o uso da lapidação. Registre-se, contudo, uma pulsão de morte que se reflete nesse *lapsus*" (2016: 731). Consulte-se o interessante livro de Corina Baptista, inquilino da biblioteca de Eco e Frisão, intitulado: *Proposta de reforma do código penal onde se prevê a tipificação do crime de práticas eruditas*. Rio de Janeiro: Lex, 2012.

(12) RIBEIRO, Forastino. *Frutuoso desvelo dos industriais com a ampliação sobre a mais-valia de seus operários*. Coimbra: Ocupação 2000, 1999. 20 x 13; 40 pp.

ESEU DESPRE MAREA FRUMUSETE
TRUPULUI FEMININ

Trata-se de um estudo que agrada apenas a Frisão." Umberto Eco anota outro volume: UMBER, Antenágoras. *As pulgas do marxismo vulgar: migração da crítica literária para o departamento de história econômica.* Sintra: Causa Mecânica, 2000. (20 x 14; 100 pp.)

(13) SANTIAGO, Luís Sargão. *Vantagens da adoção do alfabeto cuneiforme, na variante ugarítica, para a simplificação ortográfica da língua portuguesa, com estudo introdutório de Evanildo Lemos.* Belo Horizonte: Babel, 2010. (20 x 15; com um *imprimi non potest* na falsa folha de rosto, assinado pelo coletivo Aureum Asinorum Collegium, 60 pp.)

Segundo a arguta observação de Massenet (2013:47), a obra realiza um paralelo feliz entre Umberto e Umbelino, sobre as ideias linguísticas de Athanasius Kircher. Mostra-se, porém, insuficiente, senão deslocado, ao propor uma "simplificação que no fundo complica o processo didático." Marchesi (2015:98).

(14) TELESIO, Guilherme. *Entre fenômeno e neurônio. Rumo a uma filosofia do cilindro-eixo.* Rio de Janeiro: Casa da Iluminação, 1999. (20 x 15; falsa folha de rosto rasgada, com assinatura ilegível, anotações em alfabeto cirílico nas pp 45, 72, 89, 97, 100 pp.)

Como anota Georgescu (2017: 70): "A analogia proposta por Umberto Eco, segundo a qual a alma não passaria de um software, na discussão com o cardeal Martini, foi sugerida pelo capítulo primeiro da obra de Telesio, intitulado "o hardware do corpo físico e outras achegas". Sobre a neurociência, Eco e Umbelino encontram-se, no entanto, profundamente divididos, como apontamos acima, pois Umbelino não ultrapassa a trincheira metafísica".

(15) ZURBARÁN, Antonio. *Dostoievski e Machado: Diferenças no DNA. Por uma crítica genético-literária.* Rio de Janeiro: Transgenic Bros., 2015. (20 x 15; 2 ilustrações da dupla hélice dos autores, 87 pp.)

ENQUIRÍDIO SOBRE A ORIGEM DE CAPRICHOS
BIRRAS E TEIMOSIAS
DE SOPRANOS & CONTRALTOS.

Também aqui uma importante análise de como Eco e Umbelino coincidem numa espécie de "furor antideterminista", de acordo com a tabela de Filípovna (2016:421), voltados essencialmente para uma crítica extensiva (Eco) e intensiva (Umbelino), sobre os "pressupostos positivistas", que se introduzem na cena contemporânea.

Após essa pequena amostra, que comprova a sobredeterminação mútua, como a entendia Ferenczi (Lamberti, 2006:40), entre Umberto e Umbelino, aconselha-se a leitura crítica de Marchesi (2015: 220-317), Guerci (2017: 201 a 250) e Lamberti (2006: 152). Seguem abaixo alguns fantasmas bibliográficos:

Obras de Umbelino: *La defensa ineludible del estado hiperfísico en el acto puro de la ontología hídrica*. Buenos Aires: Universidad de Buenos Aires, 1944. Tese Inédita, a sair pela Casa Imaterial, em 2018, aos cuidados da professora Silvina Storni. *Filosofia da litosfera*. Mar del Plata: Trama Celeste, 1945. Tomo I. *Filosofia da litosfera*. Stockholm: Drömboken, 1948. Tomos I e II. *Inimigos de Salazar*. Moscou: Mir, 1948. *Contra a defesa do matrimônio de Swedenborg*. Göteborg: Schubick, 1953. *Esboço de metafísica urânia*. Frankfurt: Suhrkamp, 1957. *A travessia do Dasein*. Pisa: Stracci, 1958. *O diadema da idade média*. Bologna: Rosa Anomala, 1963. *A morte do sebastianismo*. New York: Theodor Books, 1972. *Renascimentos da hiperfísica*. Porto: Orelhas do Príncipe, 2003.

Quinze dimensões do pós-realismo filosófico. Wien: Polemos, 2007, 2 volumes. *Filosofia oblíqua: princípios de naufrágio transcendental*. Paris: Jacques Vrin, 2014, 5 tomos.

Aquosa litosfera. Estocolmo: Hedgrens, 2015, 6 tomos.

Obra Crítica: ALEMANNO, Merlin. *Lectures humides*. Rennes: Brocéliande, 1987. BARBOSA, Vandonirã. *Umbelino, Kant*

& *Descartes*. São Paulo: Edição das Onze, 1992. BELLINOVIĆ, Rodolfo. *Cari luoghi. Guida all'Umbelinistan*. Messina: Sonnambuli, 2000. ECO, Umberto. "Un Fiore al Marchese". *Bustina di Minerva*. Revista L'Espresso, 19.07.2010. FILÍPOVNA, Anastásia (org). *Água mole em pedra dura: diálogos entre Goethe e Frisão*. Belgrado: Rogójin, 2016. GEORGESCU, George. *Despărțirea de Umbelino*. Craiova: Popescu, 2017. GUERCI, Guercio dei. *Bibliographia operae umbelini*. São Paulo: Bifocal, 2017. HERTA, Amorosa. *A segunda revolução copernicana*. Atenas: Diotima, 1998. LAMBERTI, Teodoro. *O pensamento hídrico de Umbelino Frisão: uma estética da pós-modernidade* (org). Rio de Janeiro: Calhambeque Azul, 2006. MARCHESI, Lúcio. *Catálogo da biblioteca do excelentíssimo senhor marquês Umbelino Frisão, doctor in utroque jure, sátrapa do larapistão, grão-mestre dos incunábulos imateriais, pontífice da imaculada ordem das traças, intérprete da filosofia urânia, judiciosamente compilado por Lúcio Marchesi, cavaleiro espatário da Trebizonda, perpétuo defensor das fronteiras bizantinas*. Rio de Janeiro: Balur, 2017. MARCHESI, Lúcio. *Notas intempestivas sobre alguns livros da biblioteca do marquês Umbelino Frisão*. Paris: Seghez, 2015.MARCHESI, Lúcio. *As iguarias do nada*. São Paulo: Quadratus, 2003. MARCHESI, Lúcio. *Cartas sobre o caos*. Rio de Janeiro: Mira de San, 2002. MARCHESI, Lúcio. *Florilégio da língua laputar*. Belo Horizonte: Arame, 1991. MASSENET, Thaïs. *Analecta umbeliniana: seleção de pensamentos urânios*. Bruxelas: Myrtale, 2013. MONOD, Tiago. *O acaso na hídrica umbeliniana*. Paris: POF, 1999. SACAS, Amônio. *The neoplatonism of the frisonian philosophy*. Dallas: Fat Man, 10016. SLOTERDIJK, Peter. *Die Philosophische Schnitt bei Frisão*. Stuttgart: Friseur, 2013. VERDI, Felipe. *A presença da música na obra de Umbelino*. London: Peter Grimes, 2016.

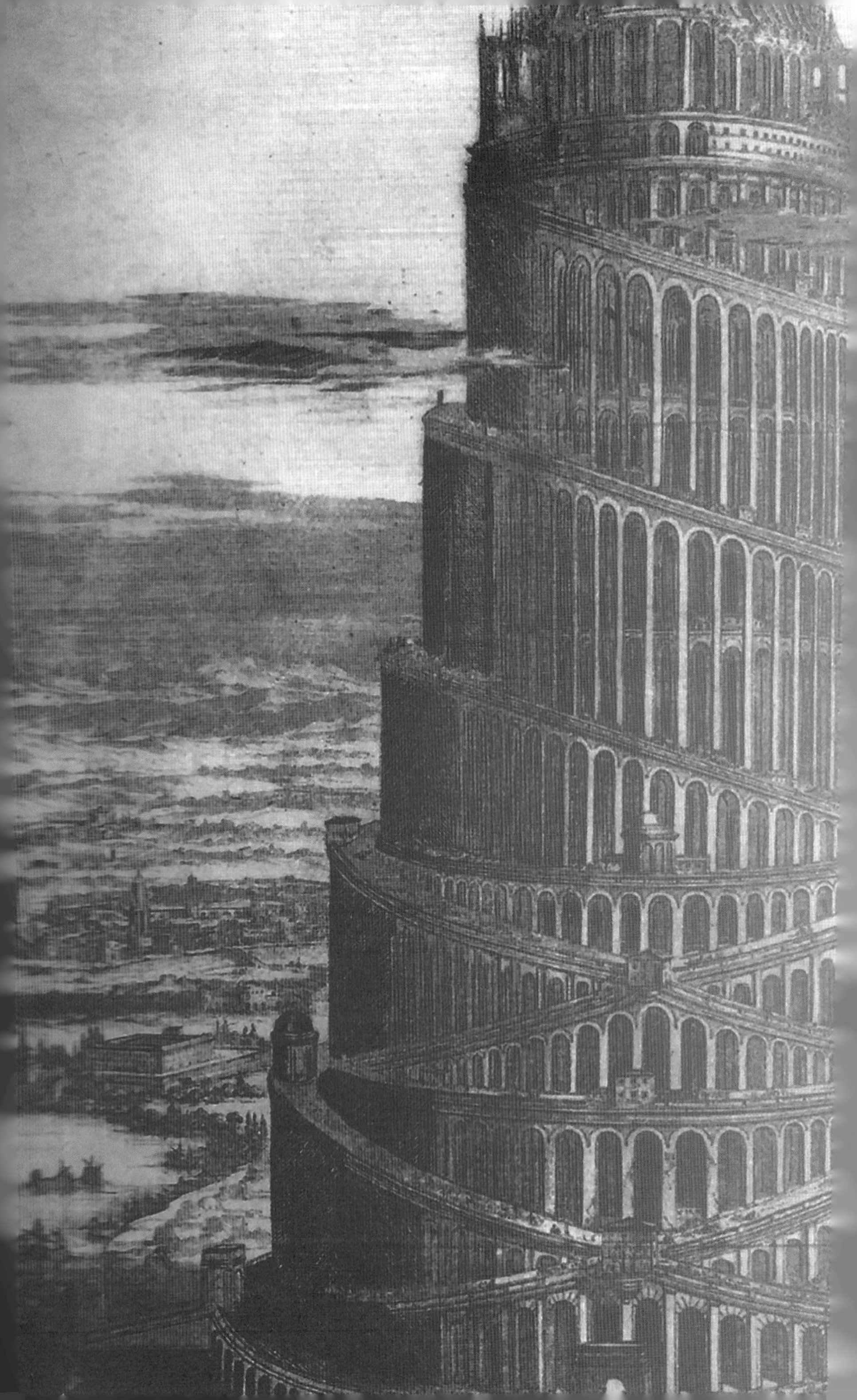

Apolo e Tutuguri

O pensamento é entrega a uma iluminação
repentina e súbita.
Emmanuel Carneiro Leão

Artaud:
uma nova ontologia

1. O Teatro de Séraphin

Paira sobre Antonin Artaud um destino fulgente, embora cruel. Destino forjado por uma vontade poderosa. De renovar a ontologia, a partir de uma crítica implacável sobe a trama dos conceitos e o império dos universais. Trata-se de abordar o múltiplo, desafiado pela androginia, como atitude e promessa de salvação na unidade. Daquela salvação arquitetada por Heliogábalo, monarca de um só deus, enamorado, aliás, pelo Zero infinito de Deus. Tal o limite do herói artaudiano, em sua revisão da metafísica, no grau zero da teologia.

É preciso superar a luta entre os deuses, desviar para um outro plano a Guerra dos Princípios, na busca eutópica do primeiro instante. Para tanto, a reflexão pura não basta. É preciso agir, vivendo o ritual do Um, em todo seu passado cosmológico. Em outras palavras, a consciência de que a unidade é um projeto da mente, fruto da vontade, objeto de prazer e expiação, e, como tal, experimentada em imagens rituais.

Como se a psicologia, antecedendo ao campo teológico, fosse o drama e a alegoria na geração dos conceitos.

O Teatro de Séraphin é uma etapa fundamental do Logos, porque faz do palco o templo de novo ritual.

A metafísica, enquanto resgate mítico, alimenta-se do sacrifício em cena, no teatro da Crueldade. Da mesma maneira pela qual a vítima sagrada nutria, com seu sangue, os deuses ctônicos.

Respira-se uma extrema coerência entre Heliogábalo e Séraphin: ambos não ignoram que a eternidade divina alimenta-se do efêmero humano. O mistério não ocorre entre parênteses, mas na liturgia do sacrifício. Séraphin, ao falar de um teatro sagrado, inscreve o mistério na grafia do tempo, a fim de retomar a contingência. Em cena, tremem os ponteiros, as horas tornam-se negativas. É o tempo Aion, marcando a duração, detendo-se num frêmito divino. O tempo do sacrifício é a negação trágica do devir.

O ritual cênico reclama a estética da inversão. Para Séraphin, a metafísica começa na pele, e segue do gesto ao pensamento, passando pelos órgãos, como se o corpo fosse um o ideograma ontológico, na filosofia das sensações e das imagens. Ultrapassando as implicações clássicas da teologia natural. Toda beleza, para Artaud, é indireta. Os últimos raios do sol, belo, por quanto nos faz perder.

A metafísica é indireta e nasce na pele, como vítima que, ao expirar, canta a visão de um segredo. O ator cede lugar ao sacerdote, que conduz, entre fatalidade e acaso, a respiração tensa do espetáculo. Tem-se uma gramática das origens, a
escandir a palavra, num ritual de magia, entre luz
e sombra, Apolo e Tutuguri, ritual negro do sol: de sua eterna morte e renascimento. De sua paixão.

2. O Poder da Imagem

Artaud é eminentemente plástico. A nova metafísica vê-se embasada por uma sede de cores e formas, cada vez mais afastada da abstração, afirmando o real por acréscimo, e não por subtração dos universais, isentos de significado para os sentidos. Deve-se de fato sofrer o Dois para que se ame o Um, pois, do contrário, o plano ontológico seria o simulacro da Vontade de Poder (*Wille zur Macht*), apostando na unidade abstrata, sem passar pela crítica da psicologia.

Se a metafísica artaudiana não florescesse no
seio do caos e no plano ideal da falta, não a teria despertado de seu sono, na mesma época em que Heidegger anunciava o *Dasein*. Trata-se de uma metafísica que tem cheiro de terra, porque é sempre árvore frutífera, ao contrário da de Porfírio, árvore de categorias, substâncias e acidentes, espécie de metafísica que tenha a vida por exemplo trágico e vibrátil, argumento indiscutível para Artaud, porque a vida é filha da vida. O sangue e a seiva correm nas artérias do tempo.

Artaud move seu mundo no
corpo da imagem (e não o contrário, como nas máquinas desejantes), espessura de encantamento e proximidade. O
conceito e o sistema, o silogismo e o axioma, a oficina das ideias claras e distintas morrem nas mãos
do Sócrates (na *Origem da tragédia*), contra quem Antonin Artaud oferecerá a música.

3. O Infinito e o Peyotl

Ter direito à palavra. Embrenhar-se na palavra. Reestruturar a rede de significações emprestadas ao cosmos. Renovar a palavra, para não escrever a metafísica de amanhã com a sintaxe do passado,

na alquimia do verbo e do fonema. Artaud ama a palavra na instauração da imagem. Ama-a, porque não a pode apreender em sua história e em sua tensão presente. A palavra é-lhe angulosa. Cada vez mais fugidia. A palavra é o acontecimento inaugural. É a palavra que invoca o deus, a
 noite, blasfema e piedosa, cruel e irrepetível. Toda palavra é rito de passagem. É a intangibilidade. A inscrição no tecido do Nada. Artaud vive o *axis* da palavra.
 Entre os Tarahumaras terá acesso ao Peyotl. Essa demanda de uma consciência cristalina. Ele entrega ao Infinito a mente-legisladora da sintaxe. Artaud encontra-se com o "Ativo engolidor" do signo. O essencial desta mania divina consiste em renovar a palavra, segundo a imaginação ativa. Algo de Jung.

 O baço e o fígado vivem, na cerimônia do Peyotl
 o êxtase do contato com o deus, que é coautor da nomeação adâmico-artaudiana. Um coeficiente de solidão o singulariza. Do esqueleto nasce a música e, da pele, a metafísica. Artaud oferece, a Ciguri, a consciência e o corpo, sua *voz*, sua lira e sua morte.

 4. A Teologia do Inconsciente
 Artaud orienta-se pelo plano mítico arcaico e, como Heliogábalo, ri-se de Roma, decadente e cética, essa que já não reconhece no voo dos pássaros a força do destino.
 Em seu projeto de renovação metafísica, o mito atravessa e atualiza a razão, oferecendo figurações terríveis e provisórias. A experiência do mito não vem mais de Roma, nem de outro objeto externo. Realiza-se, como em todas as cenas do Teatro da
 Crueldade, na consciência de Antonin Artaud, na cosmogonia plena de seu drama e de seu renascimento ritual. Ele renuncia

ao princípio de identidade, ao oráculo do racionalismo francês, na ânsia de restituir-se ao encantamento e à magia. Artaud busca silêncio e profundidade. Artaud-Uccello, quase Fênix, que se funde com o horizonte, quando se volta às origens, no tempo Aion. Tornava-se mais e mais devotado ao novo estado do ser, quando se enamora pela Guerra dos Princípios e
abole prévios e firmados compromissos. Todo-poderoso Artaud, no céu em que brilha como estrela.

Entramos num mundo de pura sonoridade, isento de homens, povoado por deuses, na derradeira supressão do acaso. A imagem organiza o significante tão fluido, quase inefável. Artaud atreve-se ao Dentro, anterior ao
gênio maligno cartesiano, no meio divino, desde o mistério participativo da divindade.

Nostalgia e realização da plenitude, segundo Gusdorf, em torno da escatologia. O sagrado recupera-se como reserva de infinita significação.

A Teologia do inconsciente promove o encontro do
Mesmo da ontologia com o Outro da história,
campo de simultaneidade e coalescência. O múltiplo retorna pela história e o uno pelo arquétipo. Parte-se da falta para o Dois. Trata-se do evento da fragmentação. Percorrer a raiz da vontade e o núcleo da adição, em que o gênero e a diferença não se distinguem mais no indivíduo.

A configuração de todo o sublime.

E a transição fatal do caos para a estrela.

Aproximações de Remo Bodei

Remo Bodei estudou na Universidade de Pisa. Centrou seus estudos no idealismo alemão, com ênfase em Hegel. Estudou posteriormente em Tübingen e Freiburg, onde conheceu Ernst Bloch e Eugen Fink. Publicou *Sistema ed epoca in Hegel* (1975), *Hegel e Weber. Egemonia e legittimazione*, (con Franco Cassano, 1977), *Multiversum. Tempo e storia in Ernst Bloch* (1979, 1983), *Scomposizioni. Forme dell'individuo moderno* (1987), *Geometria delle passioni. Paura, speranza e felicità: filosofia e uso politico.* (1991, 2003), *Se la storia ha un senso* (1997), *Il dottor Freud e i nervi dell'anima. Filosofia e società a un secolo dalla nascita della psicoanalisi* (2001), *Piramidi di tempo. Storie e teoria del déjà vu*, (2006), *Il sapere della follia* (2008), *La vita delle cose* (2009), *Ira. La passione furente* (2011)

M Lucchesi: Professor Remo, seu estudo dedicado a Ernst Bloch é de alta espessura. Gostaria de ouvi-lo sobre essa veneranda amizade com o fiósofo da esperança, da qual resultaram alguns livros, como o *Multiversum*, acerca da história e do tempo na filosofia de Bloch.

R. Bodei: O meu interesse pela filosofia de Ernst Bloch tem origens distantes, que remontam ainda ao período em que eu estudava na Escola Normal Superior e na Universidade de Pisa. Com uma bolsa de estudos alemã fui para a Universidade de Tübingen em 1960 e lá eu tive a oportunidade de ouvir uma aula de Ernst Bloch, que então vivia em Leipzig, na República Democrática Alemã, e a quem tinha sido excepcionalmente concedida a possibilidade de se transferir para a República Federal Alemã (onde permanecerá após a construção do Muro de Berlim, no verão de 1961). Fiquei muito impressionado com a sua aula e lembro que ele me presenteou com um dos seus livros: *Spuren (Vestígios)*. Eu o revi nos anos seguintes tanto em Tübingen como na Itália, no Congresso Internacional da Sociedade hegeliana (*Hegel Vereinigung*).

A tradução de *Subjekt-Objekt. Erläuterung zu Hegel* (*Sujeito-Objeto. Comentário a Hegel*, 1975), a organização e a introdução de volumes como *Karl Marx* (1972), *Filosofia da Renascença* (Bolonha 1981) e *O Princípio Esperança* (1995) acompanharam o meu estudo sobre a sua obra, que foi concretizado precisamente em *Multiversum. Tempo e história em Ernst Bloch,* de 1983.

De Bloch impressionaram-me de imediato tanto o conceito de esperança, ligado à mais ampla problemática do desejo, quanto a análise dos paradoxos temporais, em particular o da "não-contemporaneidade" (*Ungleichzeitigkeit*).

O "princípio esperança" contém uma lógica do desejo que não atravessa apenas o plano racional, mas também o do sonhar de olhos abertos. Uma vez que a esperança não está necessariamente ligada a cenários grandiosos, Bloch não desvaloriza os desejos da sociedade de massa (ter dentes brancos, corpo esbelto e atlético, roupas bonitas). Não mostra em relação a eles nem a suspeita de inautenticidade denunciada por Heidegger, nem o "esnobismo" de Adorno. O desejo representa a crosta, a "casca provisória", que guarda dentro de si as potencialidades reais ou realizáveis dos indivíduos: "Os desejos nada fazem, mas pintam e conservam com particular fidelidade aquilo que deveria ser feito. A jovem que gostaria de se sentir brilhante e cortejada, o homem que sonha futuras realizações, suportam a pobreza ou a cotidianidade como uma casca provisória". Cuidado ao reprimir os desejos, porque esses, uma vez removidos, apodrecem seja em nosso inconsciente, seja em nossa consciência. Cuidado ao desprezá-los, porque, mesmo através dos desejos aparentemente mais fúteis, esconde-se a possibilidade de encontrar a si próprio: "Batom, maquiagem, enfeites de outros ajudam por assim dizer o sonho de si próprios de sair da caverna." Esses desejos, a seu nível, não são apenas legítimos, mas capazes de extrair de nós as melhores potencialidades. A quem mostra ambições tão reduzidas não pode atribuir-se culpas subjetivas. A sua atitude diz respeito ao fato de que todos nós (a política, a sociedade, a história) não fomos capazes de oferecer-lhes algo melhor.

Para Bloch, no entanto, o desejo utópico se projeta muito além do sonhar com olhos abertos, estendendo-se dos projetos de sociedade perfeita à impensável vitória sobre a morte. A esperança é, por um lado, como o ar: inodora, insípida, invisível e impalpável. Sem ela, no entanto, não poderíamos respirar. Semelhante à "cândida pomba" kantiana que crê voar melhor desde que não encontre a resistência do ar, consente à nossa razão avançar justo porque sustentada pela sua corrente ascendente. Por outro lado, essa é também proteiforme e pode assumir papéis perversos, como acontece no nacional-socialismo, em que a necessidade de pátria, de identidade e de segurança se entrelaçam com as mais arcaicas e bárbaras concepções. O tempo histórico não é de fato concebido por Bloch como o tempo cronológico, como a única linha, divisível em partes iguais, mas como contraponto de diferentes épocas, *multiversum* de desníveis (entre indivíduos, classes, nações), que torna a história complexa, elástica, deformável, tal qual o espaço riemanniano, sob a ação dos acontecimentos. Neste universo denso de reviravoltas e de aberturas para o novo, a materia em si não é quantidade pura ou extensão inerte, mas "existente em possibilidade", movimento para a frente, com o qual o homem é chamado a colaborar, de modo que o comunismo – enquanto, marxianamente, "naturalização do homem" e "humanização da natureza" – parece para Bloch a maior síntese entre natureza e sociedade, a "utopia concreta" que orienta a história. O nacional-socialismo, ao contrário, sobre o qual Bloch se detém nos primeiros anos do exílio em alguns penetrantes ensaios de *Herança do nosso tempo*, é fruto também dos desequilíbrios temporais, da não-contemporaneidade no tempo histórico das classes sociais na Alemanha. Nesta, de fato, ao lado das duas classes fundamentais que vivem no nível mais alto do presente histórico, há grandes extratos de camponeses e pequenos burgueses atrasados, excluídos por um presente do qual não conseguem entender racionalmente a dinâmica e a direção. Na falta de uma compreensão racional, longe do motor do desenvolvimento econômico, frustrados em suas expectativas e desorientados até o desespero pela agitação do primeiro pós-guerra e pela inflação selvagem, eles vivem a sua relação com a política sob a forma de mito, sonhando revanche, restaurações autoritárias, drásticas limitações do poder da classe operária, superioridade da nação alemã e da raça ariana. O nazismo, enquanto "jacobinismo do mito", consegue transformá-los em massa de manobra e inclui-los organicamente em um largo fronte de interesses, que compreende a grande indústria, o exército, a burocracia, sob o controle do partido e do seu chefe.

Traços ainda feudais, que refletem o tempo histórico ou as imagens de restauração de classes atrasadas (o mito), fundem-se em tal modo com a eficiência tecnocracia e a racionalidade formal dos aparatos industriais, militares e burocráticos.

ML: Oportuna observação a do jacobinismo do mito, e das vozes temíveis e perigosas da tecnocracia. O embate da cronologia com outros níveis, para além de Braudel. Penso em seu ensaio sobre Hölderlin, no modo pelo qual põe em movimeno a *Holzwege*, de Heidegger, e aquela perspectiva tanto apreciada por Bloch, quando o poeta diz em *Patmos*: *Wo aber Gefahr ist, wäschst das Rettende auch...*"

RB: Mais do que através de *Holzwege*, *o tema do afundar naquilo que é perigoso, creio que chegue a Hölderlin* a partir das discussões realizadas sobre a figura e a filosofia do poeta-filósofo do V século a.c., Empédocles, sobre o qual Hölderlin escreveu a homônima tragédia, em três versões (1796-1799). Através da figura de Empédocles, a tentativa de Hölderlin é a de arriscar o naufrágio experimentando as fronteiras últimas da consciência que perde a si mesma no "aórgico", no ilimitado, no incompreensível, no inconsciente. Ele quer trazer a consciência até os extremos, arrancá-la do seu centro sem ter qualquer garantia prévia sobre a possibilidade de recuperá-la. Uma vez entendido que quebrou o antigo acordo com o tudo (*hen kai pan*), é preciso lançar-se metaforicamente em um "fogo mais alto".

Como ficará claro mais tarde nas poesias *O Reno* e *Rousseau*, é preciso provisoriamente abandonar – como fez Rousseau – a civilização, entendida como algo de muito formado, de "orgânico" e abrir-se ao "aórgico" da muda natureza, dando-lhe voz. O primeiro impulso nessa direção deriva inicialmente a Hölderlin do "entusiasmo". A partir de 1797, Hölderlin percebe a necessidade de dar "um passo adiante", porque a consciência deve perigosamente precipitar e descentralizar-se de tal modo que "o objetivo ressoe nela tanto mais genuína e profundamente quanto mais a alma está aberta a ela" (como está na já citada carta a seu irmão Karl, de 01 de janeiro de 1799).

Para alcançar esse objetivo, Empédocles começa um combate: "O seu espírito devia então assumir forma aórgica [isto é, decomposta, anárquica] no sentido mais elevado, arrancar-se de si mesmo e do seu ponto central, penetrar o seu objeto de um modo tão excessivo a ponto de se perder nesse como em um abismo; enquanto, por sua vez, toda a vida útil do objeto devia agarrar o ânimo abandonado e se tornado mais infinitamente receptivo devido à ilimitada atividade do espírito." Nesta descentralização a consciência assume o aspecto de um presídio desprotegido, mas, ao mesmo tempo, torna-se, de fato, "infinitamente receptiva". Encontra-se aqui um paradoxo, enquanto nos tornamos tanto mais passivos quanto mais somos ativos e tanto mais ativos quanto mais somos passivos. O precipitar-se em um abismo se constitui em uma ameaça, mas desse abismo se pode regredir somente se reconhecemos a natureza como vida independente de nós, mas, ao mesmo tempo, também o nosso pertencimento à natureza. A solução, mesmo política, que a própria natureza pode nos sugerir, é aquela de uma comunidade humana na qual cada indivíduo é um mundo, unido porém aos outros em "liga livre", segundo o modelo presente na poesia "Os carvalhos".

ML: O grande poema "Os carvalhos".... essa liga livre, em momentos sem liga, como os atuais. E aquele primeiro passo do entusiasmo, tão central para o poeta de Lauffen. Nesse ponto parece-me oportuno revisitar, professor Remo, sua perspectiva de investigação freudiana, que trouxe contribuições reais acerca dos "nervos da alma" e das chamadas "lógicas do delírio". Aparentemente o senhor compartilha o nietzschiano sonho de Sócrates, de buscar a música, ao duvidar do poder fascinante, embora restritivo, de Apolo sem Dionísio...

RB: Sim, em alguns aspectos é assim, no sentido que eu quis reavaliar as lógicas anômalas e uma espécie de crítica da "razão impura", continuando a desenvolver, mesmo no caso dos "nervos da alma" (expressão que Aristóteles usa contra aqueles que gostariam de cortá-los, recusando paixões como a justa ira ou indignação) e do delírio, um programa de investigação que começou com o estudo das paixões e daqueles fenômenos – como as ideologias políticas – nos quais a racionalidade não parece gozar do direito de cidadania. Tal projeto é subjetivamente justificado pela convicção de que a tendência talvez mais ilustre da filosofia moderna, o chamado "racionalismo", entrado no senso comum, querendo imitar os sucessos das ciências matemáticas e físicas, tenha perseguido um modelo de rigor impossível no mundo humano. Não podendo trazê-lo novamente ao seu interior, abandonou grandes e decisivas áreas da existência individual e social às espinheiras da ignorância. Assim, deixou ao poder político e religioso à história, às tradições, ao hábito e ao destino a função de estabelecer-lhe o regime. Parafraseando Lévi-Strauss (que fala de *pensée sauvage*, entendendo o pensamento selvagem, espontâneo, não cultivado, como o amor-perfeito do pensamento ou *viola tricolor*), eu definiria *vie sauvage* toda aquela área da experiência humana – que inclui paixões, fantasias, crenças ou delírios – entregues ao poder do "irracional".

Em relação à música, fiz alguns anos de conservatório, estudando flauta transversa. Para mim, a música foi importante também como ideal filosófico, porque milagrosamente liga o máximo de rigor lógico-matemático com o máximo de pathos.

ML: Uma liga forte, portanto, de Apolo-Dioniso, como a entendia Nietzsche, sem clivagem. Como vemos, aliás, em *Pscicopatologia da vida quotidiana*. Desejaria tratar de seu *Pirâmides de tempo*, investigação do déjà vu, em que persiste Freud, mas com uma espécie de tempo aiônico, de Jung. Pergunto se já lhe interessaram as viagens no tempo, discutidos no campo da física das partículas e das Time Closed Curve?

Sim, me interessei muito sobre isso, desde jovem, tanto no plano científico, quanto sobre aquele que há muito me apaixona, os romances de ficção científica.

No plano científico, comecei com reflexões sobre os paradoxos do tempo. A imagem do tempo dominante em nosso senso comum (de distante origem aristotélica, mas confirmada também por Newton, que considera este o único tempo *verum et mathematicum*) é, na verdade, constituída por uma linha infinita sobre a qual corre, a uma velocidade constante, um ponto indivisível e não estendido, o presente, que avança a uma velocidade constante, separando de forma irreversível o passado, que está por trás, do futuro, para o qual ela procede. É, sem dúvida, uma idéia exemplarmente simples e cômoda, da qual nos servimos continuamente e da qual é difícil separar-nos. Mas é também a única verdadeira? Assim que se afronte a questão, surgem vários paradoxos (a serem entendidos não como um absurdo, mas como afirmações que vão contra a opinião, a *doxa*, prevalente), dotados de diferentes graus de plausibilidade. "Abrindo" o conceito de tempo em suas estruturas elementares, como uma criança desmonta um brinquedo, se veem jorrar de cada um dos componentes (o ponto, a linha, o fluxo, a velocidade, a divisibilidade em partes iguais, a direção) das estranhezas ou dos aparentes monstros conceituais. Contra a idéia newtoniana (e do senso comum) do tempo *verum et mathematicum* e do tempo e do espaço absolutos, refleti muito sobre a teoria da relatividade einsteiniana o tempo é, ao invés, relativo, dependendo da velocidade com a qual se move o relógio. Na verdade, quanto mais rápido nos movemos, tanto mais lentamente avança o nosso "relógio de pulso". Em outras palavras, quanto mais rapidamente me movo no espaço, mais lentamente me movo na direção do tempo, uma vez que o tempo é relativo à velocidade da matéria. Em situações normais não nos damos conta disso, mas nos daríamos conta de imediato se pudéssemos viajar em uma nave espacial que se aproximasse progressivamente da velocidade da luz. Se atingíssemos esse limite intransponível, o tempo pararia, como acontece com os fótons, que se movem, de fato, na velocidade da luz. A viagem a altíssima velocidade representa, no entanto, apenas uma experiência mental: de fato, é impossível, uma vez que a massa de um corpo cresce em proporção ao aumento da velocidade. Além disso, a própria gravitação desacelera o tempo: na proximidade de estrelas de nêutrons em até trinta por cento, enquanto que no interior dos buracos negros, que têm uma massa enorme, o próprio tempo pára.

Na teoria da relatividade, como é sabido, a simultaneidade não é absoluta, mas depende da posição do observador. Consequentemente, o que para uma pessoa é simultâneo, para outra pode ser sucessivo. A idéia de que se pode viajar ao passado e mudá-lo produz contradições (se eu pudesse voltar para recuperar um documento importante e o encontrasse, recuperado o meu presente, não teria mais necessidade de voltar). Já as viagens no futuro são teoricamente possíveis, no caso em que se possa mover a velocidades cada vez mais próximas àquela da luz. De fato, no entanto, isso é impossível, uma vez que, apesar de em certas equações da física a direção de tempo ser irrelevante, de acordo com a segunda lei da termodinâmica, a entropia pode ao longo do tempo somente crescer e não diminuir.

Em termos da leitura dos romances de ficção científica, na contemplação que todos ocasionalmente fazemos do céu estrelado, questionando-me sobre o sentido da nossa vida no cosmos, por muito tempo fantasiei sobre o espaço sideral, com seus corpos celestes já visitados pelo homem e pelas sondas enviadas por ele ou com aqueles planetas vistos por potentes telescópios que podem se tornar metas de futuras viagens interplanetárias e de uma eventual remota colonização. Desses assuntos é testemunho e veículo não só a ciência, mas a ficção científica. Pensemos – para citar apenas dois exemplos – a *City* de Clifford D. Simak, de 1952 (traduzido para o italiano no ano seguinte com o título *Anni senza fine* [Anos sem fim]) ou a alguns contos de Ray Bradbury presentes em *The Martian Chronicles*, de 1950 (trad. it. *Cronache marziane* [Crônicas Marcianas], em 1954 e 1993).

O romance de Simak narra a história de um futuro distante em que os homens, forçados a emigrar de seu planeta, deixam que a Terra seja posteriormente dominada por canídeos. Esses, discutindo em torno do fogo, se perguntam se os homens realmente existiram ou representam seres lendários. Apenas um robô, último remanescente da presença humana na Terra, sabe o que realmente aconteceu. No *Epílogo* de 1972, um milhão de anos mais tarde, a Terra –, onde nesse tempo as formigas sucederam os canídeos – se transformou em um acumulado de ruínas, com a extinção de todos os viventes.

No conto *A terceira expedição* de *Crônicas Marcianas* é, ao invés, a ilusão de reencontrar em Marte a reprodução exata de uma pequena cidade do Illinois dos anos vinte do século XX e de experimentar a inefável alegria do encontro dos astronautas com seus entes queridos, ali aparentemente vivos, mas, na verdade, mortos há muitas décadas, a colocar o problema sublime da reversibilidade do tempo e da nossa possível reunificação, além da morte, com as pessoas falecidas que amamos. Nesta perspectiva, a Terra não é mais a Ítaca do cobiçado retorno, porque o lugar do desejo, embora sob a forma de miragem, está em outro lugar e poderia estar em qualquer lugar. O sublime consiste, nesse caso, em decretar a impossibilidade do retorno, na peregrinação infinita dos humanos em um universo sem centro e sem periferia. Por sua vez, a aventura interplanetária (que permitiria ao homem conhecer a singularidade do seu planeta e, talvez, da vida em todo o cosmos) abre a imaginação para a existência, apesar de fantasmática, de muitos outros mundos parecidos com o nosso.

ML: A filosofia como queda no abismo, como um lance de dados mallarmaicos. E sobretudo a infância do filósofo. Antes do laboratório, a poética, aquele sentimento dominante de que fala um poeta de seu país. E poderia insistir de Ettore Majorana a Stephen Hawking. Mas há outro lado (o mesmo lado) na sua obra. Nas páginas de *Ordo amoris* ergue-se um diálogo eficaz com Agostinho, entre política e metafísica, mas escrito em um quadro de intensa atualidade...

RB: O mundo de Agostinho se assemelha ao nosso porque nos coloca diante da crise de um mundo ao qual estamos há séculos acostumados e que agora está mudando, algumas vezes de maneira catastrófica, outras vezes de maneira "molecular", com resultados incertos. A incerteza domina agora como no passado, a nossa vida adverte uma maior vulnerabilidade, agora como no passado. É claro, os problemas são diferentes, mas o efeito é parecido. Busca-se hoje novamente refúgio na religião.

Os projetos mais ambiciosos da modernidade, como aconteceu no declínio do Império Romano, tornam-se incertos. No nosso caso, parece ameaçada a ideia e a práxis de uma completa emancipação dos indivíduos de cada autoridade externa percebida como opressiva mediante a comum construção de uma "história civil" feita exclusivamente pelos homens.

Estabeleceu-se de forma gradual, comprovando a concepção de que é preciso reinvidicar e trazer para a terra aqueles tesouros de inteligência, de desejo e de ideais que haviam sido depositados e acumulados no céu. Para progredir se sugere mover corajosamente para a frente o olhar, que – à procura de ajuda – tinha sido muitas vezes voltado para o alto. Renunciar à pouca alegria atingível nesta vida para apostar sobre a própria ressurreição das cinzas parece a muitos um jogo muito honeroso em relação aos benefícios conjecturais. Uma alta propensão ao risco se justifica de fato somente se a esperança de ganho se apresenta ainda mais elevada. Quando a incerteza alcança a "massa crítica", o mecanismo de contradições produtivas sobre o qual a fé avança, autoregenerando a convicção através de sucessivas vitórias sobre a dúvida, é minada por dentro.

Propõe-se novamente hoje a secular questão da relação entre fé e razão na forma de uma necessária convergência, complementaridade e recíproca complicação circular. Mas o são realmente? Ou é mais justo dizer que cada uma esculpe o seu próprio papel autônomo, diferente e incomensurável em relação ao outro? Ou, ainda, que fé e razão entretêm entre si uma relação de colaboração antagônica, de acordo com a modalidade do *nec tecum, nec sine te*, o que não exlui por vezes pontos de equilíbrio em uma tensão mirável?

ML: Agostinho e Vico em termos da história civil feita pelos homens. A modernidade agostiniana, a história e a crise, bem entendido, com o palácio da memória. Sua última obra, se não estou enganado, deixa uma impressão de calor e outra dimensão: *Imaginar outras vidas. Realidade, projetos, desejos.* Trata-se de uma nova forma de fazer filosofia, ou melhor, de escrevê-la, quase com o ritmo de um romance?

RB: Eu uso muito a literatura em geral, porque a considero uma espécie de diamante bruto, que contém toda a riqueza da experiência humana ao longo dos milênios. No entanto, estou convencido, por um lado, como dizia Proust, que colocar a teoria no romance é como dar um presente, deixando à mostra a etiqueta do preço e, de outro, como dizia Leopardi, que, se o filósofo não quer ser um "filósofo partido ao meio", deve conhecer as paixões dos homens, mas usar no entanto a "fria razão".

Eu parto da constatação de que cada um de nós começa uma nova história, em cujo centro inevitavelmente se coloca, é também verdade que se depara com uma realidade já feita. Vir ao mundo não significa porém cair em um recipiente imóvel e indiferenciado, mas começar a fazer parte de uma ordem complexa e mutável, composta por instituições, poderes, saberes, regras e tradições de duração muitas vezes milenar. Orientando-se na realidade através da aprendizagem da língua, a aceitação de modelos transmitidos culturalmente, a inclusão na família, nos sistemas de ensino, econômicos, religiosos, políticos e culturais vigentes, cada um é obrigado, com maior ou menor consciência, a percorrer etapas forçadas o caminho da civilização à qual pertence, quase recapitulando-o segundo a sua pessoal perspectiva.

Além disso, coloquei em evidência o conflito entre o princípio de realidade e princípio de prazer, concentrando-me no conceito de imaginação. Graças a ela, qualquer um pode viver outras vidas, alimentadas não só pela comparação com pessoas e situações reais, mas também com modelos transmitidos por textos literários e pela mídia. Através deles, tentamos, por um lado, resolver a dependência de condições não escolhidas, que se tornaram necessárias e agora irremediáveis, mas que a posterior parecem casuais (data e local de nascimento, corpo sexual, família, língua, comunidade), de outra, de contrastar a progressiva redução do cone dos possíveis ao longo dos anos. Literatura, teatro e experiência refletida através da filosofia ou da história nos tornam participantes das infinitas combinações de sentido que os inevitáveis limites históricos e geográficos da existência individual tornam, de fato, inacessíveis.

Na tentativa de se tornar aquilo que é ou de construir a si mesmo, cada um busca a plenitude e o significado da própria existência, mesmo em um outro lugar inusitável: no mundo dos desejos e da fantasia.

Esta última – faculdade que todos possuímos desde a infância, que experimentamos não apenas na sua espontaneidade durante os sonhos e as *rêveries*, mas que exercitamos diariamente ao formular conjecturas – goza de uma fama ambígua. Por um lado, está ligada à idéia de arbítrio, de passatempo inconclusivo, de álibis e de fuga irrealista do mundo; por outro lado, desempenha uma função de vital importância ao transcender a realidade como ela é, ao prefigurar o curso das ações, ao desbloquear situações penosas ou sem saída, ao promover a criatividade. Poderia-se repetir, com Chesterton, que "a literatura é um luxo, a ficção é uma necessidade." A literatura é chamada a operar no terreno daqueles que podem ser definidos 'lugares comuns' – *não confundir com* banalidade – onde a ênfase recai sobre o adjetivo 'comum'. Semelhante às praças ou aos locais de encontro nos quais os homens trocam os seus produtos e elaboram as suas experiências, eles não devem ser confundidos com as banalidades. Trata-se, antes, de zonas de extrema condensação e sedimentação de experiências e de interrogativos, virtualmente partilhados por todos, porque tocam, como os modos de dizer e dos provérbios tradicionais, as experiências incontornáveis da condição humana.

Paradoxalmente, a maioria dos homens não sabe expressar exatamente aquilo que é mais importante, os momentos e as etapas relevantes da existência (o nascimento, a morte, o crescimento, a amizade, o amor, o ódio, a saúde, a doença, o sofrimento, a alegria, as decisões: todos elementos que encontramos em nós e que nos acomunam com os outros) Como se diz dos cães, falta a eles apenas a palavra, porque as experiências mais significativas e sentidas, os que envolvem e afetam todos, na comunicação diária acabam com o parecer mais desfocados e inatingíveis.

Aos lugares comuns a grande literatura consegue dar forma perspicaz e rica de significado; é, acima de tudo, capaz de expressá-los de maneira articulada e intimamente coesa. Esses se constituem no ponto de equilíbrio entre o que o autor é capaz de dizer e aquilo que o beneficiado pode quase instintivamente compreender se passou por experiências análogas e é, por isso, capaz de conectar as palavras dos outros com as suas próprias experiências.

Mas onde situar a linha entre a "realidade"" e os produtos da imaginação? Graças à fantasia literária emigramos incessantemente de um mundo a outro: as obras nos transformam em "fronteiriços", que saem do país da imaginação e voltam para aquele da realidade (e vice-versa), induzindo-nos a entrelaçar a nossa existência aos possíveis sem porém perder a inesgotável riqueza do que chamamos de realidade.

As obras literárias unem, de fato, ao pathos um tipo específico de conhecimento, que tem como objeto tanto a consciência e o mundo, como a percepção de um vazio, daquilo que ainda nos falta.

Elas preservam núcleos de significados que nos comovem tanto para além do princípio da realidade (enquanto colocada entre parênteses, socialmente habilitada, dos critérios lógicos e perceptivos da nossa vida prática e teórica), quanto além do princípio do prazer (enquanto pura busca pelo prazer privada de consciência).

Sustentando semelhantes teses, se atenua e se torna incerta a linha que deveria separar o imaginário do real? A nossa verdadeira existência se reduz ao beato perambular no *hortus conclusus* da literatura, na qual se acaba por parecer, disse Schopenhauer, a um "romance escrito por nós" ou a uma existência que tem as cores atenuadas de "um romance lido apenas uma vez há muito tempo"? Normalmente, não. No entanto, como hoje está eliminado e diferenciado o território da imaginação e como é potente o seu esforço para engolir a 'realidade'! Quantas horas por dia crianças e adultos passam, por exemplo, na televisão, introjetando centenas de personagens e milhares de tramas, que incidem sobre o grão de sua identidade, modelando-lhe o caráter, modelando os desejos e levando por vezes, além de um eventual enriquecimento do sentido e do valor da vida real, mesmo a uma sua virtual erosão e inflação?

Há riscos inevitáveis, mesmo no campo da ética, de um enfraquecimento do princípio da realidade, não apenas no sentido de uma fuga do mundo, que seria favorecida pelo excessivo consumo de imaginário, mas também pela substituição das visionárias paisagens da fantasia com os duros condicionamentos da realidade? Diminui o nível de vigilância da consciência crítica sobre o mundo? O encontro com outras vidas possíveis coloca em perigo a consistência da própria identidade? É, em essência, possível proteger o senso da realidade do perigo da sua diluição na fantasia? Ou devemos, ao contrário, considerar o princípio de irrealidade como portador da exigência irreprimível da mente de se distanciar do mundo real, uma atitude que é, em alguns aspectos, até mesmo benéfica? Isso significa que precisamos considerar a imaginação como uma faculdade que não se pode impunemente reprimir?

Que o romance – e a imaginação em geral, com os seus prazeres – pode desviar a mente já o sabemos, pelo menos a partir de *Don Quixote*. No entanto, Guicciardini tinha razão ao observar que "erra quem diz que as letras estragam os cérebros dos homens, porque é talvez verdade para aqueles que o têm fraco; mas onde o acham bom, faz bem; porque o bom natural junto com o bom casual faz composição muito nobre".

Não há necessidade, portanto, de renunciar às aspirações de ser diferente do que se é, para buscar uma vida melhor também através de exemplos e modelos retirados de obras literárias. Para a sobrevivência e a sanidade dos indivíduos a superioridade em última análise da realidade efetual sobre o imaginário deve ser mantida, mas deve ser sabiamente temperada e balanceada pelo princípio de irrealidade, pela abertura à alteridade e aos possíveis, que além disso contribuem para a definição e interpretação da própria "realidade".

A salvação não consiste, portanto, em rejeitar a experiência da irrealidade, na tentativa de se imunizar contra a fantasia e o desejo. Se for permitido um símile, o ideal seria se alguma coisa – como em um piano – aquele de poder tocar com a direita, na clave de violino, o teclado da fantasia, mais leve e inventiva e, com a esquerda, na clave de baixo, aquela da realidade, mais grave e contínua, que representa a chamada para a seriedade dos condicionamentos.

Tradução do italiano de Andreia Guerini e Karine Simoni

Topologias

A Aritmética da compaixão
Zbigniew Herbert

Museu de Imagens

Nise da Silveira é uma das glórias da ciência no Brasil. Não só porque mudou a face obscura da psiquiatria, e com raro destemor, mas também porque jamais se deixou contaminar pelo vírus positivista que assola uma parte de nossa universidade. E como a doutora Nise ficou imune? Primeiro pela grande cultura e sensibilidade de sua formação, sem jamais perder o horizonte ético e humanista, que é o que falta a não poucos neurocientistas deslumbrados, ou aos sempre presentes behavioristas, tatuados com novos rótulos.

Nise foi mais longe, guiada por um instinto de alteridade como poucos, olhos de lince e majestosa intuição. Conhecia em profundidade Jung, Freud e Lacan. Mas não formava pelotão, nem se dobrava a dialetos estéreis e autocentrados. Foi das pessoas mais corajosas que conheci. Disse-me certa vez que Jung e Freud sabiam bem pouco do inconsciente, o que até hoje não deixa de me encantar pelo raro espírito de abertura de Nise.

Acaba de sair a tão esperada reedição de seu esplêndido *Imagens do Inconsciente*. São páginas que não perderam o fascínio, nem o compromisso ético, mas sobretudo, caro leitor, o delicado olhar poético a seus pacientes. Recusou-se a aplicar o eletrochoque, combateu visceralmente a lobotomia e as mais perigosas, porque sutis, camisas-de-força químicas. Ela abriu o ateliê, contra Deus e o mundo, contra os médicos dos anos cinquenta, para tornar-se até hoje contemporânea. E trouxe animais ao hospital, enquanto co-terapeutas. Acham que exagero? Leiam aquelas páginas, vejam como alcançou através de desenhos inesquecíveis, as biografias dos que antes não passavam de uma simples frase dos tratados de psiquiatria clássica (quando não eugenista). Nise trouxe, das profundezas do psiquismo, Carlos Pertuis, Emygdio e Adelina, dentre outros, para não falar de Fernando Diniz. Abateu os muros do manicômio. Deu aos pacientes a possibilidade de desenhar o mundo interno, de arrancar as potências do medo, mediante a leitura fantástica daqueles aparentes hieróglifos e, de tal ordem, que as obras saíram do hospital, alcançaram o mundo, e hoje constituem casos exemplares da história e uma psiquiatria nova.

Luiz Carlos Mello, que colaborou com Nise na preparação dos livros e das imagens, de quem ela mesma dizia que os olhos de Lula (como o chamava), eram também os olhos de Nise, é o responsável pela edição.

Façam uma visita ao Museu de Imagens do Inconsciente, no Hospital Nise da Silveira, único no mundo, com um acervo de quase meio milhão de imagens. E aqui falo aos poetas e aos jovens, sobretudo, e aos que não perderam a coragem de dizer não e percorrem, como Nise, um caminho por fazer.

Num tempo em que certas figuras da Câmara e do Senado localizam-se entre o código penal e o manual psiquiátrico, *Imagens* é um livro que responde por uma cultura ética, contra os fascistas de plantão e os inimigos da democracia.

Depois do Inferno

O Instituto Moreira Salles inaugurou duas exposições dedicadas ao trabalho memorável de Nise da Silveira. Salta aos olhos a coragem da "psiquiatra rebelde", como propõe o itinerário de leitura de Luiz Carlos Mello, sendo impossível não sair de lá emocionado. Não sair arrebatado com as obras de Emygdio e Raphael, considerados, por Heloísa Espada e Rodrigo Naves, "dois modernos no Engenho de Dentro".

Lembro-me da voz pequena e frágil da doutora Nise, de olhos severos e agudos, ao defender uma nova ética dentro do hospital. Nise tomou emprestada de uma paciente a expressão que definia aquela visão renovadora, a "emoção de lidar". Toda uma postura diante da fragilidade existencial dos que habitam as entranhas do manicômio.

O tempo não diminui em nada a centelha poética das pesquisas da doutora Nise. Ela permanece visceralmente atual, dentro de uma ética inegociável e das intuições que abriram caminhos impensados, em que hoje se movem os profissionais da área da saúde mental.

Quase na véspera da abertura da exposição do Instituto Moreira Salles, a justiça concedeu liminar – a pedido do Ministério Público estadual –, determinando a transferência de todos os pacientes de uma clínica, em Jacarepaguá, para outras unidades de saúde conveniadas ao Sistema Único de Saúde. A promotora relatou à imprensa um total abandono dos pacientes, "pessoas nuas se arrastando no chão sobre as fezes", alimentação precária, portas trancadas, ambiente sombrio, longe de qualquer atendimento psíquico. Abandono deplorável que não destoa do histórico dos últimos anos da instituição, mas que contrasta vivamente com o conteúdo do site a respeito dos serviços prestados aos clientes.

Se a resposta inequívoca do Ministério Público cumpre claramente suas atribuições legais, a sociedade civil não deve perder a ocasião para ampliar a vigilância e zelar pelo cumprimento da lei sobre a rotina de um número expressivo de clínicas psiquiátricas credenciadas ao SUS.

Deixemos de lado a hipocrisia. O problema não se esgota em escala episódica ou varejista. Temos uma epidemia de casas suspeitas. É preciso combater o monopólio da infâmia, que conta muitas vezes com a parceria do estado, como sócio e corréu no crime atacadista perpetrado contra a saúde mental em nosso país. Uso termos de escala comercial, porque não é outra a vocação desse monstruoso holocausto, feito de modo discreto, quase invisível, em conta-gotas, onde a tortura a que são submetidos os pacientes é prática considerada natural. Muitas vezes bem mais sutil do que se possa imaginar, como no uso das camisas de força químicas, diagnosticadas e combatidas pela doutora Nise: os pacientes vegetam noite e dia sem dar trabalho, porque dopados em doses estratosféricas. Na qualidade de biodigestores de uma farmácia homicida. Ou, ainda, através do exercício de uma terapia fria e sem compromisso. Terapia meramente protocolar, visando a atender requisitos de convênio, ou preencher lacunas politicamente corretas, onde o paciente é pouco mais que uma peça publicitária, produto desprotegido pela sociedade e pelos olhos míopes do Estado.

Cito as palavras de Nise a respeito de Fernando Diniz no hospital do Engenho de Dentro, quando à desagregação da personalidade se somavam outros riscos: "Todo o curso de sua vida foi demasiado trágico e os métodos de tratamento usados no hospital psiquiátrico paradoxalmente massacraram cada vez mais sua autoimagem".

Não podemos permitir o modelo dessas casas de extermínio, físico ou mental depois da lei Paulo Delgado e da implantação dos Centros de Atenção Psicossocial. Vivemos uma fase de transição. De ajustes e de alguma teimosa esperança. Como dizia Nise, "é necessário se espantar, se indignar e se contagiar, só assim é possível mudar a realidade."

Favela é Cidade

Assisti a um debate memorável no Rio de Janeiro, promovido pelo XXVI Fórum Nacional, de que resulta o livro de Reis Velloso, Marília Pastuk e Ana Paula Degani que dá título a esta crônica. A ideia é que a favela entre de forma definitiva na geografia e no orçamento da cidade. Que não se limite apenas a uma rubrica populista, assistencial, com projetos ao mesmo tempo frágeis e intermitentes.

As comunidades devem integrar sem favor as grandes linhas das políticas públicas, para a dissolução definitiva das malhas infames da desigualdade. Favela não é bairro, no sentido de um enclave anômalo, a que se destina uma república trôpega, cheia de lacunas, com sua quase escola, quase saúde, quase direitos humanos. Tudo pela metade, vergonhosamente esboçado. Precisamos da dialética de Paulo Freire para o concerto urbano, com seus instrumentos legais.

A democracia no Brasil dependerá dessa polifonia complexa e fascinante, entre favela e poder público. Uma ética do diálogo entre coletivos essencialmente novos começa a desenhar-se, quando a comunidade é ouvida, não como objeto, passivo, mero receptáculo das decisões de gabinete, que ainda resistem. William de Oliveira, conhecida liderança na Rocinha, recusa a verba de quase dois bilhões para o teleférico em favor de água potável, que constitui prioridade absoluta. Sara Graziela, em nome do Borel, lembra que o BNDES não pode tratar o projeto de uma comunidade com os mesmos parâmetros aplicados a uma empresa. Se a burocracia conhece muito bem a língua de um projeto comercial, ela precisa de um grupo de tradutores quando se trata de uma comunidade, cuja relação entre lucro e resgate social possui uma dinâmica nem sempre ortodoxa para as agências de fomento. O déficit social no Brasil é imenso: que o tempo, quase eterno das formalidades burocráticas não se transforme num instrumento sutil e perverso que represe o combate à desigualdade.

Acompanho a discussão com meteorologia variável, entre sol e tempo fechado, comovido, surpreso com os diversos atores sociais e, quando não indignado, convencido de que a democracia profunda não conhece geografia mais radicalmente necessária que a favela como cidade, integrada no projeto de nação.

Urge aprofundar as línguas de nossas demandas, as formas de pensar e promover as políticas públicas, cada vez menos abstratas, depois de ouvidas as comunidades. Precisamos renovar nossa agenda social e a gramática de protocolos.

Estou com Cleonice Dias, que falou pela Cidade de Deus, com uma nova janela à discussão: "Nós somos ousados, nós somos destemidos, nós somos atrevidos, nós transitamos em toda a cidade. Nós queremos o estado com maturidade para partilhar conosco as decisões. Mas nós não queremos discutir apenas o nosso bairro, nós queremos discutir o País".

República dos Livros

Faz trinta anos que decidi atravessar a cidade do Rio de Janeiro. E não tenho a mais remota esperança de terminar a viagem, que vai do morro de São Bento à Quinta da Boa Vista. Viagem interminável pelos arquivos, bibliotecas e gabinetes. Viagem luminosa e assaltada de espanto, como no filme "The Swimmer", quando o ator principal decide cruzar a cidade, servindo-se de várias piscinas, interligadas por um rio subterrâneo, totalmente imaginário, que se percorre em doze horas e algumas braçadas. Quanto a mim, preciso de mais tempo, nesse rio imaginário e caudaloso, que é o "Dom Pedro river", rio que passa pelas duas maiores máquinas do tempo: a Biblioteca e o Arquivo Nacional.

Na iminência de terminar um livro de ficção, que se passa justamente no reinado de Pedro II, bati às portas, físicas e digitais, daquelas e outras instituições, incumbidas de preservarem a memória. Acabo de constatar, mais uma vez, que não lhes falta repertório e guarda e que não sofrem tampouco de amnésia. Mostram-se antes vorazes, imperfeitas e inacabadas, por destino e vocação, com armazéns que apostam num crescimento vertiginoso, é bem verdade, mas igualmente por desafios de manutenção de amplitude.

O volume do infinito e o território da cidadania aqui se misturam, sob o olhar inquieto do leitor, desse pequeno deus que dá vida aos livros, interroga, preserva e classifica.

Tornou-se impossível pensar nos centros de memória de forma isolada, como templos inacessíveis, fechados a sete chaves, sem uma vertente com alvo na cidadania. Se assim não fosse, passaríamos da cidade dos livros para a cidade dos mortos. Mesmo porque as bibliotecas exigem longos e renovados olhos, que colaborem para a preservação, a partir da demanda renovada de seus leitores.

O Brasil avançou nas três últimas décadas, no quesito do acervo e da leitura, consolidando um feixe de diretrizes culturais. Mas o déficit segue clamoroso, de vastas proporções e ressonâncias. E não se trata de culpar um viés ideológico, um determinado governo ou gestão institucional. O desafio é maior, republicano, e exige uma política de estado robusta e articulada, que se traduza também numa grande oferta de recursos, bem como no equilíbrio responsável entre demandas técnicas e quadros dirigentes. Uma política de Estado essencialmente transversal e paritária, que atenda a mais de um ministério, com igual cuidado, sem desníveis funcionais, que responda em cheio a uma nova cartografia da memória, parcial e coletiva, passada e futura, sem descuidar das dimensões pontilhadas do agora, cujo território emerge tanto mais sensível quanto flutuante e irregular.

Lembro de Ramiz Galvão, sobre os "encantos da pesquisa" e do "afã, com que se corre atrás de uma informação preciosa". Os cuidados com a memória de nosso país é obrigação fundamental de uma república soberana, a cuja guarda somos convocados.

Cartola e Pasolini

Fiz uma visita emocionada ao Morro dos Macacos, de mãos dadas com um verso de Pier Paolo Pasolini: "a favela fatalmente nos esperava". Essa imagem revelou-se mais nítida e grávida de futuro, dentro da creche que abrigou num fim de tarde a Flupp. Não poderia haver sinal, outro e melhor, que o da creche, radicado numa cidade que espera crescer no seio de uma cultura de paz e igualdade.

Pasolini considerou o Rio de Janeiro como se fosse uma "Divina comédia". E, se a obra de Dante requer um Virgílio, posso dizer que fui ao morro com três: Élcio Salles, Julio Ludemir e Camila Leal. Eles me impressionaram durante a visita, na sensibilidade para dialogar, com uma linguagem franca e aberta, com respeito e entusiasmo. Um pequeno sarau abre os trabalhos, na leitura de poemas de diversas comunidades, com um lirismo áspero e duro, em que não falta uma pequena quota de esperança.

Muito aplaudido, Íbis Silva Pereira prega uma defesa contundente das potências do afeto, em todos os quadrantes, na vida e na leitura, dentro e fora das páginas de Cervantes ou Dostoiévski. Tece o elogio inequívoco da literatura, como gesto político e poético, como fundamento da cidadania. Para quem não sabe, Íbis é coronel da polícia militar, e fala com tamanho entusiasmo sobre os livros, como é raro de se ver nas faculdades de letras. Ouvi algo parecido na voz de um presidiário, para quem a literatura é a irmã gêmea da liberdade, mergulhando sempre nas páginas de romances de envergadura.

Deu-se depois a palavra aos escritores convidados, dentre os quais Ricardo Aleixo, que abordou com empatia as razões de seu laboratório criativo, entre gesto e palavra, em torno de um Brasil de tradição pluralista.

Haveria outro norte para a ocupação dos morros, que não se baseasse no processo de paz? A mesma paz que há de libertar toda a cidade, de modo que desapareça em definitivo a fronteira ilusória entre morro e asfalto, polícia e bandido, "eles" e "nós". E assim nos salvamos mutuamente, num humanismo pleno, para que se evite a letra acertada e altamente dramática de Mc Smith: "Nossa vida é bandida/ e o nosso jogo é bruto. / hoje somos festa,/amanhã seremos luto".

Hoje podemos dizer adeus ao inferno e pensar o paraíso, ainda distante, em construção, com muitos parceiros, ainda sem Beatriz, visto no surdo purgatório de nosso tempo, em que não falta a dimensão da esperança, do inacabado, das coisas grávidas e futuras.

Deixo com renovado vigor o Morro dos Macacos. "Puro e disposto a descer". E de voltar a subir, onde me esperam alguns amigos, com a promessa de um novo encontro. Desço e evoco a presença de Cartola e Mc Smith. Desço fortemente emocionado, tomado da mesma ambiguidade de Pasolini, que disse, numa favela dos anos de 1970: "Ó Brasil, minha desgraçada pátria/ votada sem escolha à felicidade".

Adeus a um Democrata

Um aplauso efusivo e demorado selou a cerimônia de adeus a Evaristo de Moraes Filho no São João Batista. Gesto de catarse e homenagem a um dos últimos varões da República. Aquele aplauso traduziu um sinal de comunhão, síntese de contrários, com pessoas tão diversas que acorreram para homenageá-lo, pois a presença de Evaristo era um centro que congregava a muitos. Um ecumenismo inverso à cultura da intolerância, armada na trincheira do irracionalismo que hoje divide a nação.

Evaristo foi um intelectual pleno, erudito esclarecido, jamais aprisionado pela cultura oceânica da biblioteca. Ele impôs àquelas águas densas de conteúdo o fio de ouro de uma sabedoria transparente, ocupado com a inteligência do processo, entre a parte e o todo, num corte fundamental, ao longo de múltiplos saberes.

Foi dos pensadores mais refinados sobre a democracia no Brasil porque não se ateve às práticas formais, à superfície do sistema político, a um conjunto de práticas litúrgicas. Evaristo compreendeu desde cedo que não bastava pensar a democracia fora da dignidade do trabalho, de um conjunto de leis, como ele mesmo insistia, capaz de criar um país mais solidário, na linhagem de um Tavares Bastos, a quem dedicou páginas admiráveis. Uma democracia não inclusiva que não realize a correlação assimétrica de forças, entre o capital e o trabalho, não passa de mera ficção, de puro formalismo, de uma forte descontinuidade entre os princípios básicos da Constituição e o mundo real das populações mais vulneráveis. Eis por que Evaristo lutou pela emancipação dos trabalhadores do campo e da cidade, a partir do sindicato e da reflexão dos mecanismos de proteção ao trabalho.

Dele guardo algumas cartas, raras conversas telefônicas, desde meados da década de 1980. Eu lhe mandava meus livros mais jovens e ele respondia com palavras generosas. Comentei com ele a releitura que fiz das *Reminiscências de um rábula criminalista*, de seu pai, o patriarca Evaristo de Moraes, essencial à pesquisa de famoso crime ocorrido na Corte. Um de meus trabalhos antigos está em suas mãos na foto que integra a capa do livro *E.M.F: um intelectual humanista*, de 2005. Não há vantagem pessoal nesse caso, pois estamos todos inelutavelmente nas páginas de sua obra, em cujas linhas passa o Brasil.

Em 2015, quando protocolei petição na Procuradoria-Geral da República para que esta oferecesse denúncia ao STF contra o então presidente da Câmara, Evaristo, naquela altura com 101 anos, foi o primeiro a assinar, com absoluta adesão, como pode confirmar a socióloga Regina Morel.

Contra o déficit moral e intelectual, que hoje nos aflige e dilacera, nesse imenso deserto de mediocridades, a figura de Evaristo se agiganta solitária, como um oásis perdido.

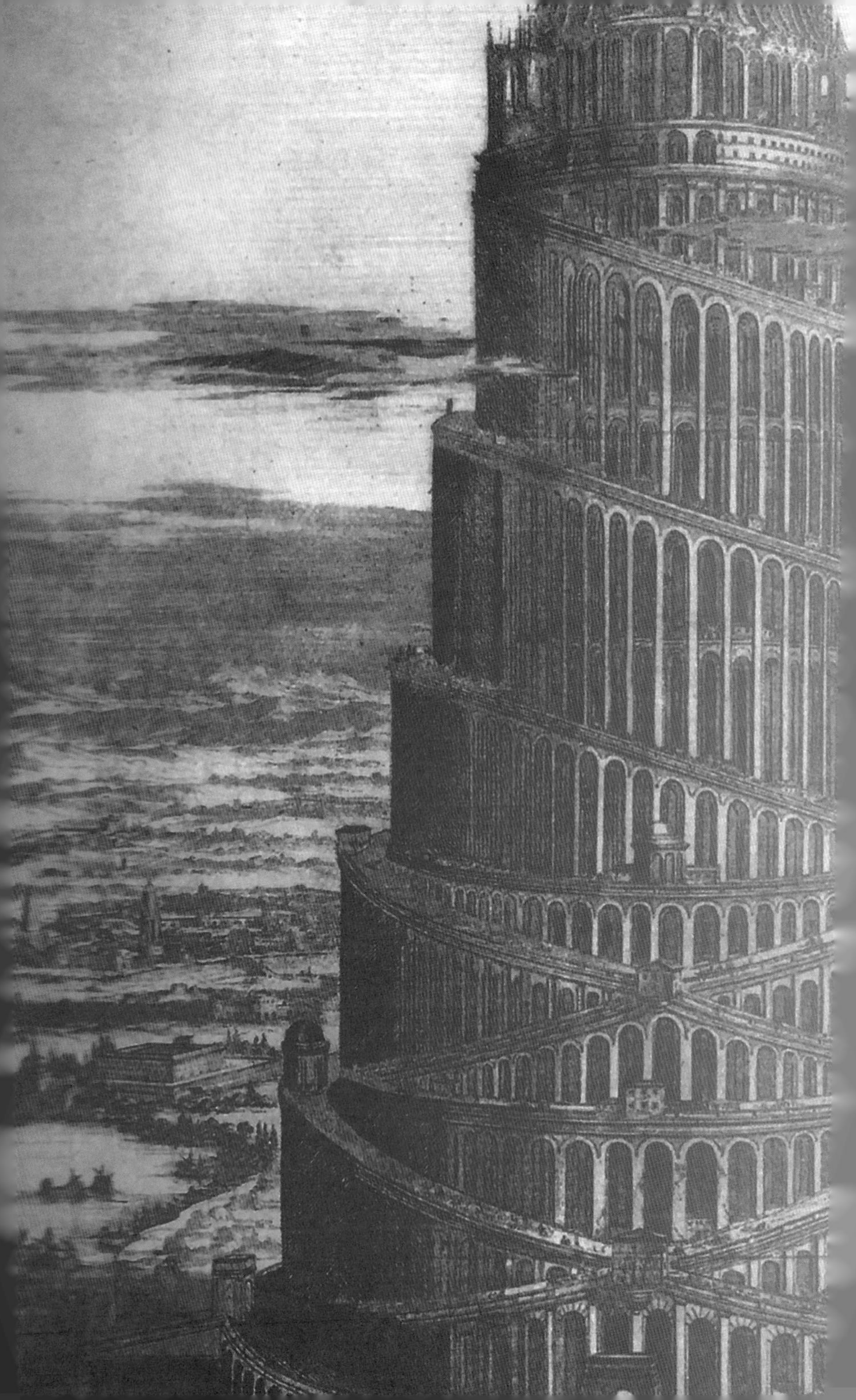

Fuga em Ré Menor

Ahora hay peras.
Nada más que peras.
Misteriosas peras solamente.
Santiago Kovadloff

Pequena Arqueologia

Sou carioca e vim para Niterói com oito anos de idade. E como não existe país maior que a infância, Niterói me capturou desde cedo, tornando-se, com o passar do tempo, um excessivo amor, uma quase obsessão, que começou pelo fascínio da baía da Guanabara.

"Ingá", "Flechas", "Icaraí", "Visconde do Rio Branco". Nomes que soam como os de um tempo mítico, as velhas barcas Rio-Niterói, como se formassem uma silenciosa melodia: "Flechas", "Icaraí", "Paquetá". Sinais de chegar e partir. Eu tomava a barca de Icaraí para Santa Rosa.

Porque houve, sim, uma barca: atrevida, senão tímida, ou desvairada, que atracava todos os dias no porto dos Salesianos. Fui vela, timão e passageiro dessa barca imaterial. Zarpava da Comendador Queiroz, às seis da manhã. Seguia pela Mariz e Barros, cortando as ruas sonolentas. As janelas bocejavam e as casas adquiriam enredos inventados. Percorria aquele espaço-tempo como quem nada numa torrente de esperanças.

Eu via a Notre Dame, de Victor Hugo, nas formas neogóticas de Nossa Senhora Auxiliadora. Imaginando personagens. E quem chegava era padre Marcelo, com Bach e César Frank. E de repente, a Fuga em Ré Menor desatava um grande temporal. Aquele não era um padre, mas uma condição meteorológica. Meus patins corriam pelo Campo de São Bento. E passeios nas praias de Adão e Eva. Tardes brasileiras, que se deitavam preguiçosas, nos romances de Alencar, Macedo e Machado. Como eram belas, manchadas de azul, aquelas tardes!

Nem me faltava a alameda Carolina, espécie de refúgio secreto, onde eu me perdia, em passeios e leituras, assim como na boca da ilha de Boa Viagem, de beleza outrora esquecida, com sua ponte frágil. Pensava nas caravelas de Portugal. Nas moedas preciosas sob as areias da praia. Niterói me pertencia de direito e de fato. As ilhas e dobrões que até hoje me escapam.

Como bom niteroiense, tornei-me arqueólogo de uma paisagem devastada, preso aos vestígios, às ruínas deixadas pela selvagem especulação imobiliária, para recompor meus fragmentos, minha infância e a memória da cidade. Invicta, mas nem tanto, porque lotearam boa parte do céu, com o cipoal de edifícios, devastaram as dunas de Itaipu e aterraram sua lagoa, ferindo a beleza primitiva das praias oceânicas. E como perdoar as mortes no Morro do Bumba?

Sonho uma Niterói praticamente sem carros, boa parte da qual reflorestada, com barcas saindo de muitas partes da baía, sem violência, como se fosse uma pequena república democrática.

Balões Peregrinos

Posso dizer, como Nélida Piñon, que sou um brasileiro recente. Nasci anfíbio. Tenho duas línguas e dois corações. Metade adesão. Metade abandono. Trégua feroz. E surda guerra. Um solo a duas vozes. O violino e o contrabaixo. E já não sei qual dessas vozes melhor me pronuncia. Um verso de Luzi e outro de Drummond. O Maracatu de Mignone e os crisântemos de Puccini.

Duas pátrias e duas línguas.

A primeira veio dos olhos castanho-claros de minha mãe, onde sorvi a língua toscana: a melodia sinuosa das colinas que impedem que os de Lucca vejam os de Pisa, como disse Dante; o aroma puríssimo do azeite das terras de Massarosa e o céu em chamas, à beira do crepúsculo; verbos e palavras antigas, como *acquaio, augello, polla*, que se entrelaçam com a vegetação do lago de Massaciuccoli; a altura das vogais, como a da torre da igreja de Pieve a Elici, onde me perco num sonho de ascensão. Minha memória absorve passagens da *Divina comédia*, como a de Paolo e Francesca:

"Quando leggemmo il disïato riso
esser basciato da cotanto amante,
questi, che mai da me non fia diviso,

la bocca mi basciò tutto tremante.
Galeotto fu 'l libro e chi lo scrisse:
quel giorno più non vi leggemmo avante.
Mentre che l'uno spirto questo disse,
l'altro piangëa; sì che di pietade
io venni men così com' io morisse.
E caddi come corpo morto cade".

A outra língua é a portuguesa, a que aprendi a amar duas vezes, como brasileiro e filho de italianos. Língua de matriz antiga, de ínvios mares e sertões bravios, do *Esmeraldo de situ orbis*; subúrbios da Leopoldina e praias antigas, como Icaraí, Adão e Eva, Jurujuba; língua de nações indígenas e africanas; língua de Vieira, contra as armas de Holanda; do magma de Guimarães Rosa; das tempestades que varrem a obra de Clarice; do abismo em que flutua o delírio de Brás Cubas. Todos repercutem em meu destino de escritor. Como esquecer, afinal, a insuperável lição de Tétis?:

"Vês aqui a grande Máquina do Mundo,
etérea e elemental, que fabricada
assi foi do Saber, alto e profundo,
que é sem princípio e meta limitada.
Quem cerca em derredor este rotundo
globo e sua superfície tão limada,
Deus: mas o que é Deus ninguém o entende,
que a tanto o engenho humano não se estende".

São estes os fantasmas que habitam minha nau peregrina. Vivo um atlântico de extremos. Naufrágio e calmaria. Destino e perdição. Qualquer coisa de intermédio que vai de mim para o outro. Da máquina do mundo ao amor de Francesca. Donde essa paixão visceral por Dante e Camões. Sou como um duplo cercado de espelhos. Imagem perdida na Ilha dos Amores ou nas praias do Purgatório. Vasco e Virgílio. Afinal, *amor meus, pondus meum*. Meu amor é meu peso, como lemos nas Confissões. E quanto a mim, não tenho outra saída senão a de multiplicar por dois minha densidade rarefeita.

A cadeira quinze resgata o quociente parcial da soma desses duplos. O patrono é Gonçalves Dias e o fundador, Olavo Bilac. Quase um compêndio de dois séculos. Seguem-se Amadeu Amaral, Guilherme de Almeida, Odylo Costa Filho, dom Marcos Barbosa e o padre Fernando Bastos de Ávila. Modifico o verso de Dante, no Limbo, e, dessa cadeira, posso dizer, com modéstia e galhardia, que "io son settimo tra cotanto senno".

Chego a Gonçalves Dias com oito anos de idade. O sortilégio de sua redondilha foi a escola onde matriculei meus versos da infância. Da "Loa da Princeza Sancta" sublinho essa passagem:

"Quando o Rey tinha-los juntos
Começava a discursar:
'Os iffantes já são homens,
Vou-me ás terras d'alem-mar
Armal-os hy cavalleiros;
Deos senhor m'ha de ajudar'".

Decidi-me pelas terras de além-mar. Como um vassalo da língua portuguesa. Já, com Olavo Bilac, guardo a poesia do espaço e das estrelas, com que pretendo encerrar o discurso desta noite.

Se com Amadeu Amaral partilho o amor pelo poeta de Florença, com Guilherme de Almeida abraço a coincidência dos opostos, em que corre a poesia, varada de rigor e paixão. De Odylo Costa Filho sinto o acento das coisas que deixaram de ser, com algum lirismo bandeiriano. E de dom Marcos Barbosa evoco as crônicas matutinas da rádio Jornal do Brasil e a refinada tradução dos Salmos, que me faz pensar em Merton e Claudel. Cada qual mereceria longas digressões, pontuadas pelo mérito e pela biodiversidade de suas respectivas aventuras intelectuais. Decido-me, no entanto, e em consonância com o regimento da Casa, a tecer o elogio do padre Ávila, não sem antes referir as razões que dele me aproximam.

Desde menino eu me senti convocado pela distância, medida em quilohertz ou anos-luz. Com o rádio de ondas curtas, eu pescava no oceano da estática, as estações dos quatro continentes. E o pendor para as línguas se fortificou naquela babel eletrônica. Com o telescópio, tive a emoção de contemplar as luas de Júpiter e os anéis de Saturno. Tudo era motivo de júbilo e de espanto. Mas foi com a *Divina comédia* que a paixão da distância, ou a nostalgia do mais, adquiriu uma terra definitiva, essencialmente literária. Terceira pátria. Ou margem. A filosofia da Idade Média marcou o início da demanda rumo ao Todo Diferente. Eu mergulhava no oceano da *Suma teológica*, nos tratados de Bernardo e Boaventura, Anselmo e Agostinho. A teologia era condição necessária, embora não suficiente, para adentrar a selva claro-escura da *Comédia*.

Aos poucos, e na faixa dos dezesseis anos, comecei a migrar para os contrafortes da teologia moderna, escalados nas férias de verão, em planos diversos e alturas: a teologia da morte de Deus, a teologia da cruz, da libertação e da esperança. Hoje me volto aos estudos da mística comparada e ao diálogo inter-religioso, percurso que me levou ao amigo Faustino Teixeira, poeta do diálogo, como também a Leonardo Boff, Arturo Paoli e ao caríssimo Frei Betto. Não posso esquecer do jesuíta Paolo dall'Oglio, do mosteiro de Deir Mar Musa al-Habashi, no deserto da Síria, de que guardo a imagem tremenda do Alcorão: Deus está mais próximo do que a veia jugular (دَيْرُوْلاَ لِبْحَ حْ نِم هْيَلِإ بُرَقْاَ نْحَنَو).

Nasci na tradição católica e mediterrânea, dos santos e dos místicos, no encontro da cultura erudita com as formas populares da devoção, fascinado pelo mistério do Rosto. Vivo com adesão as páginas de Emmanuel Lévinas. E sob a influência de Massignon, visitei o morro do Horto, com os romeiros do padre Cícero, a mesquita de al-Ualid, em Damasco, o mosteiro de Sfânta Ana, em Orşova, as sinagogas de Jerusalém, cidade três vezes santa, além de Shirâz e Isfahân, o santuário de Aparecida e a catedral de São Pedro. Nessas estações, sondo o *tremendum et fascinans* dos filhos de Noé ou de Abraão. Sou tomado pelo canto 33 do Paraíso de Dante, quando o amor se transforma em luz intelectual e avança Universo adentro. Sondo a luz tabórica da mística ortodoxa (а таборский свет) e o sabor do Cântico de Salomão, do *mel et lac sub lingua tua*, na sensação das coisas primordiais. Nesse percurso, busquei a poesia do diálogo, a terra sacra da Diferença.

Precisei daqueles estudos para me acercar do Inferno, Purgatório e Paraíso. Ao fim e ao cabo, fui tomado pela poesia do Empíreo, onde se plasma o desafio de pronunciar o inefável e de traduzir o que deixa a esfera do silêncio. Procuro a dimensão da lírica na interface com mística, para atingir a segunda navegação platônica, a poesia da poesia, para correr melhores águas, sob o signo do inefável, da palavra áspera e sutil, segundo os referentes da treva superluminosa, de Dionísio Areopagita.

Importa sublinhar a densidade do diálogo, mesmo que se busque uma mística seca, desprovida de Deus ou de transcendência pessoal. Em todo o caso, o princípio mínimo da ética da leitura consiste na suspensão da descrença (*suspension of disbelief*), de modo que, como leitor, creio no céu descrito por Ptolomeu, na função dos motores celestes e no motivo das manchas da Lua. A literatura é o ágon do saber ecumênico, que me leva à cova de Montesinos, com dom Quixote, ao mundo da Lua, com o paladino Astolfo, ou aos sertões, onde refulge o rosto luminoso de Diadorim.

A literatura e o rosto!

Minha suspensão da descrença aumentou após a grande tempestade de areia, que me envolveu em 2009 na Arábia Saudita. Uma nuvem de trezentos metros de altura, com velocidade aproximada de trinta nós. Meus olhos se tornaram outros. Algo excessivos, talvez. Marcados pela urgência de uma nova educação dos sentidos, como queria Dante na viagem para Beatriz.

Chego ao padre Ávila, portanto, levado pelas mãos dessas afinidades eletivas. Sem descurar da cultura laica, absorvo essas questões de fundo sub *specie intellectualis*.

Valho-me das memórias de Fernando, A alma de um padre, de leve sotaque agostiniano, ao indagar a voragem da memória e sua intensa prospecção:

"Sinto-me descer como que por um poço vazio que, de repente, se abre para uma grande nave subterrânea [...] Esses espaços interiores são como galerias noturnas iluminadas apenas pelo meu próprio olhar."

E, contudo, o livro não se mostra varado por uma áspera beleza, como Papini, dramático e noturno, como no admirável *O nariz do morto*, de Antonio Carlos Villaça, ou ainda harmonioso e ensolarado, como em *Minha formação*, de Joaquim Nabuco. É, antes de tudo, um livro apolíneo, com ligeiras encrespações, que se dissolvem, tão logo se desvelam, na superfície do fluxo narrativo. Um livro quase sereno: a história de uma alma, o prefácio de uma segunda vida, interminável, perfeita e simultânea, conforme a expressão de Boécio.

Mas voltemos à Terra, para a história de uma alma, sim, mas dentro de um corpo, o software e o hardware, como propôs Umberto Eco, não sem uma ponta de ironia, ao amigo e cardeal Martini.

Fernando nasceu na cidade do Rio de Janeiro, em 17 de março de 1918, numa Copacabana, hoje, impensável:

"A rua em que nasci era tranquila, com casas esparsas que tinham jardins e quintais com árvores de abio, cambucá, abricó, sapoti. Grandes terrenos baldios separavam as residências e nas minhas incursões nunca ia além do traçado da rua Barata Ribeiro, onde começava o deserto residencial até a rua Tonelero."

Uma percepção da natureza avulta em seu diapasão lírico, que o acompanhará, sem interrupção, até os últimos dias de vida, quando completou a viagem de volta para a última Roma, em seis de novembro de 2010. Noventa e dois anos de vida – setenta e cinco dos quais dedicados ao sacerdócio, sem dispensar os embates da História com a Metafísica, *all'eterno dal tempo*, na dialética de Dante.

Fernando completou o antigo primário na escola Sarmiento, de cujo passado restaram flashes de sonhos e folguedos infantis. O colégio Santo Inácio veio depois, trazendo-lhe os germens impressentidos da vocação.

Em 1930, Fernando ingressou na Escola Apostólica de Nova Friburgo, partilhando a mesma emoção de Sérgio, às portas de O ateneu:

"Na tarde daquele dia, minha mãe me levou à estação de Mauá. Quando da plataforma do trem, eu a vi sumindo, desatei a chorar. Na inocência de meus 11 anos, talvez eu pressentisse que um novo destino começava para mim".

Segue-se um período de formação, em que permanece afastado da família e sob árdua disciplina, livre, contudo, de américos e aristarcos da obra de Raul Pompéia, que lhe toldassem o delicado horizonte em que havia de crescer.

O noviciado veio cinco anos depois, ainda sob o guarda-chuva da *ratio studiorum*, dos últimos raios de uma escolástica crepuscular, ávida de coligir etiquetas e aplicá-las ao coração de universais e transcendentais, fora dos rumores do mundo, alcançado melhor a priori, no manejo de uma lógica sem nervos, em território de escombros, por onde vagam esquálidos fantasmas.

Mais que censurar uma razão desenganada (antes do socorro de Garrigou-Lagrange ou de Jolivet), tratava-se de levar a cabo uma ansiada quebra de paradigma, que se fazia urgente para alcançar, de modo frontal, os desafios de um mundo em conflito e tensões ideológicas. A *philosophia perennis*, como queriam Farges e Barbedette, apostilando o alto pensamento de São Tomás, dispunha da mesma consistência de uma bolha de sabão, não passando de um raso anteparo, que pretendia isolar, ou antes, proteger o sujeito do contágio dos modernos, tal como vemos em Mundos mortos, de Octavio de Faria, na figura complexa e, até certo ponto, fascinante, do padre Luís, afogado, muito embora, nas águas mornas de um labirinto pietista.

Fernando recebe sólida formação clássica, de que muito se vale na parte mais espessa de sua obra. Soube reunir dois mundos que se pensavam irredutíveis. E, de ambos auferiu visadas abertas. Não só não se fechou para a modernidade, como decidiu arrostar as demandas sociais e filosóficas da era dos extremos, para tomar a fórmula de Hobsbawn.

Fernando viajou em 1945 para Roma, cidade declarada aberta, como no filme de Rossellini, e por onde passavam, entre as ruínas morais e políticas do Pós-Guerra, não apenas Anna Magnani e Aldo Fabrizi, mas, sobretudo, para o nosso homenageado, Giorgio La Pira e Giuseppe Dossetti. No tempo em que o futuro acenava com uma longa duração, Fernando terminou o mestrado em Filosofia e Teologia na cinco vezes centenária Universidade Gregoriana, *di quella Roma onde Cristo è romano*, sobre a qual, aliás, escreveu Affonso Arinos páginas gloriosas.

Sentia por Roma uma atração plural, como humanista e homem da Igreja, a Roma de Gibbon e de von Pastor, a cidade de César e do Papa, as antiqualhas do fórum e o altar de Bernini: "Uma das coisas que mais me deliciava em Roma era subir até a Igreja de Santa Maria in Ara Coeli". E completa: "deslumbrava-me a Roma clássica [...] uma verdadeira emoção em ver com meus olhos o cenário onde ocorreram os grandes lances da história."

Vencido o abismo da vocação, foi ordenado sacerdote em 1948, quando sopravam os ventos da teologia de Chenu, Congar, Rahner e de Lubac, arautos do Concílio Vaticano II, que a Igreja não conseguiu de todo absorver, criando, em muitas partes, uma certa eclesiologia do impasse.

Como sacerdote, Fernando defendeu sua tese de doutorado, *L'immigaration au Brésil*, junto à Faculdade de Ciências Políticas e Sociais da Universidade de Lovaina, de cujo percurso textual emerge uma vasta saudade do presente, bem como uma premência irremovível dos problemas de nosso país. Da riqueza dos estudos na Bélgica, aprofundados na França, responde a Introdução à sociologia, compêndio que formou toda uma geração de cientistas nos anos sessenta e setenta. Aflorava no espírito de Fernando o interesse crescente pelo social, na ótica dos mais pobres, dos anawim, dos que vagam nos livros do Antigo Testamento e se multiplicam na periferia do capitalismo.

A publicação do Manifesto Solidarista respondia pelos anseios de mudança, ao mesmo tempo em que pensava uma alternativa aos projetos então considerados radicais. De base estritamente reformista, o programa tomou distância do conflito entre Capital e Trabalho, ou das teses de livre mercado, onde predomina a *invisible hand*, colocando-se o drama da desigualdade social entre parênteses, segundo as tendências conservadoras daquele período.

O manifesto de Fernando constitui uma declaração de princípios, que, se hoje pode soar tímida, não esconde a nobreza de propósitos, na defesa das liberdades individuais, em conjunção com a doutrina social da Igreja, que começava a ocupar boa parte de sua redação. Assim, ao redigir Antes de Marx: as raízes do humanismo cristão, Fernando cobrava do autor de *Das Kapital* uma suposta dívida contraída com os pensadores católicos, que o precederam:

"A crítica do capitalismo como sistema global já se consumara, antes da publicação do Manifesto do Partido Comunista, em 1848. Todos os pontos vulneráveis do modelo tinham sido denunciados com clareza inequívoca, pelo catolicismo social. Muitos elementos integrados por Marx em sua síntese, como dados originais, de fato ele os encontrou elaborados numa corrente de pensamento que inundara o espaço cultural europeu. Antes de Marx, pensadores cristãos já conheciam o mecanismo da plus-valia e tinham descoberto, no processo espoliador do capitalismo, a causa secreta da questão social."

Mesmo que bem comprovadas tais aproximações, nenhuma delas poderá embargar a energia e a imaginação dialética de Marx, eliminando-lhe a espessura filosófica e a densidade, que faltou, com efeito, aos que o teriam precedido, no plano rigoroso de uma elaboração sistêmica, operando apenas com uma semântica de conceito nômades e dispersos. E, no entanto, o estudo se revela singular, por trazer ao debate como que um grande arquipélago, senão de todo esquecido, ao menos raramente visitado.

Como homem do diálogo, Fernando convocou a sociologia para examinar as cordas vocais do sujeito teológico. E tomou distância, tanto da perspectiva de Mannheim (*Standortsgebundenheit des Denkers*), quanto do marxismo mecânico, segundo o qual a literatura não passa de falsa consciência, e a fortiori, a teologia, não passando de uma desprezível monstruosidade. O livro *Fé cristã e compromisso social*, escrito em parceria com Pierre Bigo, releva os condicionantes da produção teológica:

"Ainda que a teologia seja uma só, existem modos diversos de realizar a tarefa teológica. A razão pela qual se constrói a teologia é sempre uma razão histórica. O teólogo não é um ser errático, desarraigado da realidade. Ele participa dos condicionamentos de seu tempo tanto materiais como espirituais. A elaboração teológica é sempre afetada pelo lugar social que ocupa o teólogo dentro da Igreja e dentro da sociedade".

De acordo com essa hermenêutica, aponta-se para a relação delicada, entre o núcleo duro da teologia clássica e as nascentes teologias, que desejo aqui chamar de regionais. Todas marcadas pela crítica do sujeito, por uma demanda de novos olhares.

Parece-me oportuno abordar o sentimento teológico, por onde se espraia a obra do padre Ávila, como parte de um diálogo radial ou multidisciplinar, que lhe é caro. Sublinho, para tanto, um episódio de sua infância, agora na casa de Botafogo, quando subia a pedreira, desde o quintal: "até um alto patamar de onde descortinava quase todo o bairro. Ali, do alto, eu me perdia a contemplar aquele horizonte de casas simples e pequenos jardins [,] as tardes de São João com os deslumbrantes ocasos que palpitavam com as dezenas de lanterninhas dos balões".

Da precisão dessa reminiscência, desprende-se um lirismo das alturas. Como se inaugurasse o colóquio da misteriosa transparência do mundo, sem tirar daquele episódio a trama social que o circunscreve, nas festas de São João, na pedreira dos fundos da casa, diante de cujos detalhes atingimos uma chave de leitura que explica algo daquele menino, sem esgotar, contudo, o sentimento de uma tarde antiga.

Feita a ressalva de ordem sociológica, urge perscrutar a transparência em que flutuam aqueles balões peregrinos.

Subir e descer, como nas festas de São João, os mistérios da teologia, eis o que fazem os estudiosos, quando optam pela forma alta ou baixa da cristologia, partindo do Verbo ou de Jesus, sem perder de vista o espaço de transição das coisas terrenas e celestes, anjos e estrelas, tempo e eternidade, refletidos no espelho da criação, no meio intradivino.

Para o teólogo Gisbert Greshake, não se deve perder a ideia da criação no seio trinitário, a partir do Verbo, que responde pela gênese do Universo. Seria preciso ultrapassar o recorte excessivamente biográfico, uma bela, embora limitada, expressão jesuânica, que dilui seu alcance universal.

Todo um cuidado para não raptar a profusa dimensão do Logos em Jesus. Os pensadores cristãos da primeira década deste século tendem a referendar a ideia de um Cristo cósmico, mediante uma teologia dupla, alta e baixa, positiva e negativa, que se comove com o rosto humano de Jesus no mistério trinitário, tal como disse Dante: "or fu sì fatta la sembianza vostra!".

Trata-se de uma forma de migração do imanente para o transcendente, suprimindo-se o abismo feroz da exegese que os separou durante séculos, com uma barreira de todo intransponível. A categoria da transparência surge como forma de articular a passagem entre esses dois reinos, à primeira vista irredutíveis. A transparência não é um ponto cego, mas um olhar transitivo.

Diante de uma possível história da transparência, Teilhard de Chardin mereceria um capítulo a parte, ao definir o problema nesses termos:

"Como essas matérias translúcidas que ficam todas iluminadas por um raio de luz que nelas se encerra, o mundo, para o místico cristão, aparece banhado da luz interna que lhe intensifica o relevo, a estrutura e as profundezas."

Tese fundamental para ampliar a tensão atópica da imanência com a transcendência, e, sobretudo, para combater a negação do mundo, a morte dos sentidos, que, desde o *Fédon*, inauguram uma tradição, dentro do Ocidente, tornada mais aguda com Plotino, na desleitura do *Parmênides*.

A transparência é o centro da visão da natureza, que inspira o padre Ávila, ideia que o leva a atingir as partes dispersas do texto do mundo, feito de múltiplas camadas, segundo a tradicional exegese cristã, como quando, mutatis mutandis, Dante se vale de um repertório de formas análogas às da Terra, com as quais elabora o terreno evanescente do Paraíso. A transparência é um dos maiores trunfos da poesia dantesca, a que lhe facultou diluir o impacto de uma elevada taxa de abstração, que pudesse anuviar a transparente beleza da última Cantiga.

O padre Ávila insiste naquele modo diáfano de interpretar o livro do mundo, para além de balões peregrinos e lanterninhas, quando aborda, por exemplo, um variado acervo de temas ligados à natureza, como no elogio da palmeira: "admirável sucesso arquitetônico da natureza. De tronco tão longo e duro, como é que chegam, com tanta perfeição, até a flecha no alto as mensagens enviadas pelas raízes obscuras?! Quando as vejo alinhadas em fila dupla, elas me lembram a coluna perfeita de uma catedral invisível a céu aberto".

Eis um condensado de imagens, em que a palmeira traduz a um só tempo sua condição vegetal, ao lado da vertente arquitetônica e da figura teológica. A transparência desenha uma superfície metafórica, ao longo da qual se projeta uma igreja invisível, marcada por dois planos interagentes, das raízes obscuras à pura altitude, com a misteriosa flecha ascensional, teilhardiana, a celebrar os mistérios da criação, como nas sinfonias de Olivier Messiaen, nas vozes dos pássaros imateriais, que também voam nos versos de Hopkins e Jorge de Lima.

A dimensão da natureza ameaçada levou estudiosos das mais diversas áreas ao conceito da transparência. A ela se referem essencialmente os teólogos da libertação, que entendem o planeta como protagonista de um drama árduo, da Terra crucificada, como Cristo, no calvário dos rios e dos mares poluídos, junto aos pobres de todos os quadrantes, com os quais o planeta se identifica, dos que esperam e forjam a libertação. Para esses teólogos, o pecado social ou estrutural levou a *sora nostra madre terra* aos limites da sobrevivência, no rastro de uma constelação pós-capitalista.

Em paralelo, Hans Küng esboça um projeto ambicioso, de uma ética planetária, vivida nos extremos da modernidade, como forma de criar um mundo em diálogo, sem elidir o acervo das diferenças que unem os povos.

Desde os anos de 1990, o padre Ávila condena a corrosão do caráter no mundo capitalista, quase que ao lado de Richard Senett, chamando a atenção, no livro *Meio ambiente*, para o fato de que a Igreja sempre defendera a natureza, a partir de um *ethos* difuso, longe das escolhas de um museu natural ou de um quadro redutor de mera preservação. A Igreja, segundo Fernando, "já alertara para a exaustão dos modelos quantitativos, já denunciara o egoísmo dos grupos e nações, já fizera apelos patéticos em favor da solidariedade".

Um quadro terrível, é bem verdade, que não dilui o domínio da espera, cuja dicção ressurge, mais uma vez, na coletânea de ensaios *Folhas de outono*, onde Fernando sublinha três tendências que parecem alvissareiras: a consolidação da dignidade da pessoa humana, a compreensão de uma ampla interdependência dos povos e a convicção do valor inestimável da ecologia. Seguindo de perto as intuições de Teilhard de Chardin, ele sublinha as idéias gerais de *O fenômeno humano*. O homem não é o fim da evolução, mas a flecha ascendente de um processo que se aterma no ponto Omega, na supercentração de tudo em Deus, de acordo com a primeira epístola de São Paulo aos Coríntios – εν πάσι πάντα θεός, a nostalgia do transparente, na comunhão do mundo com Deus.

A esfera da consciência é a razão primeira da gênese humana. Para Teilhard, "hoje mesmo, para qualquer marciano capaz de analisar tanto psíquica como fisicamente as radiações siderais, a primeira característica de nosso planeta seria certamente o fato de este lhe aparecer não com o azul dos seus mares ou com o verde de suas florestas – mas fosforescente de Pensamento".

Uma espécie de salto sem precedentes da natureza, um mistério irrevogável. E prossegue:

"O que pode haver de mais revelador para a nossa ciência moderna é saber que todo o precioso, todo o ativo, todo o progressivo originariamente contidos no retalho cósmico de onde saiu o nosso mundo, se acha, agora concentrado na 'coroa' de uma Noosfera."

Essa grande poética da vida, com sua feição, ao mesmo tempo severa e apaixonada, repousa no conceito de finalidade, que tanto aborreceu Jacques Monod, em *Le hasard et la nécessité*, igualmente revisto, por sua vez, e criticado mais tarde por Ilya Prigogine, com *A nova aliança*. Mas é assunto que levaria longe demais. Importa fixar a poesia da vida, em Teilhard e em nosso homenageado.

Ainda em Folhas de outono, Fernando sublinha a causa final da antropogênese, em Teilhard, destinada ao nascimento de Cristo "o mais prodigioso evento na história do cosmos", que prepara "a realização progressiva do plano do amor infinito de um Deus, que é a própria transcendência".

O resumo teilhardiano do padre Ávila, acerca da plenitude dos tempos, encerra-se com a expressão do amor, que move o sol e as demais estrelas. E lembro com Olavo Bilac:

"Quem poderá contar tantas estrelas?
Toda a abóbada está iluminada:
E o olhar se perde e cansa-se de vê-las.
Surgem novas estrelas imprevistas...
Inda outras mais despontam...
Mas acima das últimas que avistas,
Há milhões e milhões que não se contam..."

Milhões de estrelas, que na cosmologia atual revelam, no desvio para o vermelho, a velocidade de fuga das galáxias, que se deslocam entre nuvens de aglomerados estelares, segundo o modelo atual do Universo. Ou, mais propriamente, do Multiverso, com seu volume de infinitos, pontes de Einstein-Rosen, viagens ao passado, de acordo com os cálculos de Kurt Gödel, nas curvas de tempo fechado.

Um cosmos regido pela teoria das supercordas, que promove o diálogo possível e desafiador entre a relatividade geral e a mecânica quântica, como no livro do físico Brian Greene, *The hidden reality*. Hoje, o maior fantasma da física não é Deus, mas uma certa desconfiança, em níveis bem demarcados, da matemática.

Feito este comentário a latere, sabemos quanto é preciso abraçar uma economia de pressupostos autossustentáveis para que o planeta não se reduza, no terceiro milênio, ou bem antes disso, a um estranho fragmento sideral, como no desenho "Futurama", de Matt Groening, em que os animais, que hoje conhecemos, convivem com espécies híbridas, mutantes e extraterrenas, ao lado de uma bizarra população de robôs, movidos a etanol.

Para pensar a vida no planeta, deve-se olhar para o céu, como fez Bilac, na contemplação da Via Láctea que "como um pálio aberto cintila." E, ainda, nesta senda de esperança – na trama de uma ecologia cósmica – sigo o altíssimo poema de Joaquim Cardozo, na última viagem do trem subindo ao céu, em sua propensão para o infinito, sob a chuva torrencial de zeros. A viagem segue

"no âmago desse espaço, último e total
Sem métrica e metria, sem ordem física,
Sem orientação e sem origem;
– No centro dos centos, do anúncio de todos os possíveis,

Erguido em Glória, em Majestade, em Grandeza,
O acontecimento Branco
Divino?Eterno."

Na luz difusa da Terra e da poesia, o mistério abraça o imponderável. E como Dante, frente à beleza de Beatriz, devemos realizar uma espécie de salto, à beira de um precipício descontínuo – *saltar lo sacrato poema*.

Para não encompridar a viagem, no trem de que vos faço passageiros, informo que chegamos ao destino.

O modo generoso com que fui recebido nesta Casa me emociona. Não pelos 34 dos 38 votos possíveis, ou pelo fato de entrar aos 47 anos. Mais que os números, que se apequenam diante "desta abóboda infinita", comove-me o afeto que venho recebendo. Tenho pouco a oferecer. Não passo de um leitor voraz. Sempre curioso. E em tudo independente. Com saudades de Machado e do futuro.

Meu lema para o mundo dos livros e para as formas do diálogo é o de Alfieri: *io volli, e volli sempre, e fortissimamente volli*. Não me inclino a distinguir a idade ou geração de meus interlocutores. O pensamento habita o tempo aion. Assim, sou o acadêmico mais velho desta Casa, ao passo que Cleonice Berardinelli ou Evaristo de Morais Filho são os mais jovens. Na "minha faixa etária" aproximo Lygia e Ana Maria, Cony e Rouanet.

Desejo evocar Evandro Lins e Silva, uma das figuras de proa da história do Brasil, que há mais de uma década lançou meu nome para a ABL. Lembro igualmente de três acadêmicos que me conhecem há mais de vinte anos. Nélida Piñon: com sua inteligência meridiana e generosa, a pentear-me os cabelos, desalinhados pelo regime de ventos que sopram em A república dos sonhos. Sua leitura confirmou o estatuto de duas línguas e uma amálgama superior; Eduardo Portella: na Biblioteca Nacional ou no encontro, tramado pelo acaso, na porta da livraria La Hune, num fim de tarde em Paris. Declaro-me aqui atento leitor de sua obra e nutro a esperança de que me considere amigo, dentro e fora da página; e para não aumentar a vertigem da lista, termino com Tarcísio Padilha: homem de absoluta integridade, da família dos raros pensadores, cuja visão de mundo coincide com a própria vida. O princípio-esperança o representa de forma inadiável.

Grafite Luminoso

A liturgia de posse da nova diretoria traduz um rito de passagem, pressupõe a liturgia de sua identidade, revela a memória transitiva da Casa.

Um modo sazonal aquece e restitui os laços de uma comunidade de destino, como a nossa, permanente e provisória. Cada um de nós é um traço de união entre o passado e o futuro, lugar-tenente daqueles que partiram e de quantos vão chegar.

O tempo que nos rege parece dispor de uma ideia circular, dialética da imagem e do espelho, memória que corre do passado para a incerta espessura do presente, essa, que nos fere e atravessa, irreparável, quando invocamos uma parcela de futuro, cujo rosto mal podemos vislumbrar, a nós fraterno, é o que se espera, semelhante e desigual.

Se a memória é um repertório de alusão e esquecimento, o futuro não passa de uma realidade expandida e de uma inesgotável fonte de heterônimos.

Essa memória coletiva, esse pantempo de T. S. Eliot, em cujas redes fomos apanhados, não coleciona pálidos espectros, mas obras e autores que traduzem parte do que somos, sinal de nossa alteridade, métrica de sonhos esparsos, fragmentos de luz.

Nessa janela de tempo, e a partir desta tribuna, vejo Machado de Assis, rodeado de amigos, na Livraria Garnier, cidade inabordável, órfã do Morro do Castelo e da igreja de São Pedro dos Clérigos, enquanto dorme Quincas Borba nas escadarias da igreja de São Francisco. Ouço, ao mesmo tempo, como num rádio de ondas curtas, além dos rumores da propagação, a voz da presidência desta Casa em 2090, a quem envio saudações cordiais, como quem lança uma garrafa em águas turvas e cristalinas do espaço-tempo.

Entre passadas gentes e futuras, leio a adaptação de Ferreira Gullar do famoso poema de Walt Whitman, "Full of Life", contornando a falha geológica entre as gerações, ausência habitada por cardumes de livros, palavras, afeições:

A ti que ainda não nasceste, dirijo este canto,
quando leias isto, eu, que agora sou visível, terei
me tornado invisível,
enquanto tu serás consistente e visível, e darás
realidade a meus poemas, voltando-te para mim,
imaginando como seria bom se eu pudesse estar
contigo e ser teu camarada:
faz de conta que eu estou contigo.
(E não o duvides muito, porque eu estou aí nesse momento).

Estamos juntos, não duvidemos, nessa tarde obstinada, onde afinamos nossa língua e nossos instrumentos de sentir, com olhos de ressaca e de neblina, em Machado, passando por Whitman, e radicados no sertão de Guimarães Rosa.

Habitamos o coração do presente, a quem pagamos o tributo e a moldura de nosso horizonte. Importa distinguir o abismo da memória entre as *madeleines* de Proust e um eterno chá das quintas, como o roteiro de "O Anjo exterminador" de Buñuel, de cujo cenário já não podemos sair. Anjo apenas, torto à maneira de Drummond, longe de perpetrar algum tipo de extermínio.

Se assim não fosse e se a tanto se limitasse a Casa de Machado, seríamos devorados pela segunda lei da termodinânica, desfazendo de uma vez por todas, nossa vocação ecumênica, os cuidados com a língua e a literatura, cujo processo não para de crescer, e exige um olhar intenso e vário, poroso e aberto sobre nossa terra, o país e o mundo, no imenso fractal de memórias na web.

Não queremos uma torre de marfim, uma linguagem sacra e muito menos a reclusão dentro de nossas possíveis e agudas feridas narcísicas. Não apostamos num regime de pensamento único, nem esconjuramos tampouco a promoção da diversidade.

Brilha como farol o poder simbólico da cadeira 41, onde se abriga o maior número de acadêmicos, ao longo de sua história, formando um universo paralelo de alto valor. Lembramos o mantra de Joaquim Nabuco: não somos os quarenta, somos quarenta.

Eis a realidade que impele a compreender a alta responsabilidade de uma Casa desenhada para o Brasil, autônoma, independente, e, é bom que se diga, autofinanciada, e ao mesmo tempo, sem contradição no adjetivo, propriedade do povo brasileiro, forjada igualmente no imaginário da nação, herança dadivosa da qual, acadêmicos ou não, somos todos herdeiros, no quintal de Bentinho e Capitu, nas últimas páginas de Euclides, no laboratório de Moacyr Scliar.

Donde o imperativo de repensar escala e proporção, a história do país e da Academia, entrelaçadas, quase indistintas, ocupados como vamos na construção de um feixe de compromissos de liberdade e releituras onde prospere o diálogo e a saudável diferença que nos une, abertos aos desafios de nosso tempo.

Uma Academia que não abdique de seus estatutos, olhando para o Brasil como um todo, não limitada apenas a uma parte, eixo ou região, promovendo ações sociais compatíveis com seu regimento, sem jamais perder uma visão mais planetária.

Tantos os desafios atuais, da ameaça aos direitos humanos à autonomia da universidade. A Academia não faz política, mas defende a cultura. Toma as distâncias devidas, mas não se nega às imersões necessárias.

Assim, não posso deixar de ser quem sou. Seguirei visitando as prisões. Não deixarei de ir às comunidades, ajudando a formar bibliotecas, com igual serenidade e destemor.

Em nome de meu avô paterno, que sobreviveu ao campo de concentração de Mauthausen, e do primo de minha mãe, falecido de inanição em outra parte do Terceiro Reich. Tenho um dever moral. Amo esta cidade, que agoniza em muitas regiões, com novas modalidades de extermínio, lá onde não chega o estado.

Antes de concluir, quero revelar um sonho, de olhos abertos.

Penso o Brasil como um livro em construção, e desde um ponto zero, talvez, em cujas folhas segue o desejo de inclusão de muitas vozes, num concerto polifônico, estridente, a princípio, e fora do compasso, fruto de uma espera infinita pelo fim da desigualdade. Continuemos juntos. A tolerância é um bem que se constrói em rede, em torno de estatutos de emancipação.

Sonho um livro de muitas páginas, voltado a uma vasta vocação republicana, pela qual lutaram tantos acadêmicos. Não sei dizer onde começam e terminam os grafites urbanos, os poemas que redimem a crispação de nossas ruas e de nossas casas, os desenhos rupestres da Serra da Capivara, a liberdade esboçada nas paredes dos presídios, a leitura do mundo das crianças do asfalto e da favela, as terras quilombolas e as nações indígenas, com suas quase 300 línguas praticadas ainda hoje. Um livro sem escravos análogos e digitais.

Um livro de muitos autores, com muitos ângulos, espelhado, onde cada qual se reconheça em suas páginas, como fizeram Lima Barreto e Machado de Assis. Como se fora o manto de apresentação de Arthur Bispo do Rosário. Uma cartografia total. A memória de tudo, em todos.

A Academia, diante disso, é um grafite luminoso, abrindo alguns capítulos, sobre muros que se abatem e passagens para o diálogo, sinal de paz, breve tatuagem no corpo do país, soma de vozes, concerto inacabado, saudoso do futuro.

Como a iluminação do Aleph de Borges: o grande livro do mundo e as infinitas camadas de abismo, a vida exuberante da Academia produziu um generoso gabinete de maravilhas, situado em nosso acervo, herança dos *lares*, que nos precederam, repertório de imagens e ideias. A soma de nossa coleção retrata uma ideia fractal do país. Do micro ao macro espaço subsiste uma escala, uma analogia, como disse o doutor Cláudio, personagem de *O Ateneu*, quando se refere ao colégio e ao mundo. Um espelho claro e altivo acerca a nossa Instituição do país, dentro de cuja amplidão resplandece nosso rosto plural, sem dissolver a matéria prima da diferença que nos circunscreve, a mundivisão que integra e separa, reúne e distingue uma vocação para o diálogo e a hospitalidade.

A Academia tem vida própria e independente. Machado e Nabuco deram-lhe esse quantum. Buscamos formar anéis epistêmicos, áreas de encontro. Na esfera do consenso nos movemos: esfera compartilhada, princípio que assegura a circulação das ideias nas artérias do tempo.

O mundo se encaminha para a era da singularidade, na transmutação do átomo ao byte, no tempo das máquinas espirituais, segundo Ray Kurzweil, para quem a imortalidade, real e absoluta, será atingida nos idos de 2050. Sem milagre, mediante avanços da nanorrobótica e dos linfócitos T, sentinelas mais capacitados, com uploads renováveis, no combate às doenças. São as famosas atalaias da vida contra a morte, do antigo doutor Curvo Semedo, pequeníssimos robôs que circulam dentro do corpo, para defendê-lo das teias da Indesejada.

A realizar-se a imortalidade, teremos de ampliar as cadeiras da Casa, pois não haverá vagas abertas e sessões da saudade, que hoje nos consolam e fortalecem. Não haverá mais despedidas. E as cadeiras chegarão a centenas de milhares de acadêmicos ao longo dos séculos, todos contemporâneos. Imagino como seria conviver nesta tarde com Rosa, Machado, Euclides e Bilac, e ouvi-los com detença e inegável emoção.

Kurzweil acertou não poucas previsões e viu-se obrigado a refinar outras tantas. Se não estiver errado, quem chegar a meados deste século assistirá à mais veemente mutação antropológica: as núpcias do homem com a máquina, preservado o software do cérebro, os limites do ego e o inconsciente.

O que dirão a bioética e a psicanálise, como reagirá a teologia, com o inferno, abarrotado, e o Paraíso, com taxa negativa e colapso demográfico? O que fazer do fascinante eterno retorno de Nietzsche? Como administrar a mísera sorte e a estranha condição de imortais da Academia, quando todos seremos imortais sui juris?

Ora, direis, ouvir futuristas! Não perdi o senso da realidade, embora o risco seja enorme quando se exerce a presidência da

Academia. Mantenho o siso. Ou: assim é se me parece. Contudo, para enfrentar a realidade é preciso alcançá-la a médio e longo prazo. A tarefa não é apanágio da economia ou da cartomante de Machado. A Academia, antes das máquinas espirituais, tornou-se uma hipermídia acessível aos motores de busca do ciberespaço. Seria muito bem-vindo o tema para uma agenda do século: academias em rede – por uma integração das infovias culturais.

Olhar o mundo não implica desfocar o Brasil, nem tampouco submeter-se a um arroubo cosmopolita, isento de raiz. Trata-se de reverberar a sinergia das culturas do Brasil para o mundo, espelho de interfaces, segundo a nova realidade híbrida, física e virtual, por onde circulamos. Tornar visível nossa matéria-prima, quanto de mais valioso fizemos, os brasileiros, e oferecê-la ao concerto das nações, é nosso dever, no elogio da diferença e na cultura da paz, de cujo patrimônio não podemos abrir mão. Projetar a Academia no Brasil e no mundo exige uma ética do acesso e do percurso. Disponibilizar a memória em rede produz novas potências coletivas, a sabedoria das multidões, as nuvens da memória em conteúdo crescente, como a Lua.

Uma delegação para a imortalidade simbólica, herança do futuro físico e virtual, povoado de herdeiros.

Eis o capital de nosso Aleph. O que sonhamos e quanto consolidamos, sonhos e devaneios de que somos feitos, a partir de uma densa fenomenologia que começa pelos olhos.

Olhos de lince. Pois o corrente ano exigiu grande reengenharia da Casa, para torná-la mais ágil e compacta no enfrentamento da crise da política e da economia que desabou, inédita, sobre o país e abriu impiedosa a caixa de Pandora no Rio de Janeiro, contra uma pálida, senão esmaecida esperança. *Annus horribilis*.

A dolorosa metonímia de 2018 foi o incêndio do Museu Nacional. Crime ominoso, cujos réus a História saberá indigitar no implacável tribunal de última instância. E que a todos confunde e perturba, pois, cada qual a seu modo, é responsável pela tragédia. Culpa coletiva e estrutural, como dizia o romancista Hermann Broch. A memória do país foi ultrajada: um perene combate contra diversas ameaças, fogo sutil, que não arde, silente e solerte, como o descaso e a falta de uma intensa política da memória. Ou revertemos, com ousadia e prontidão esse processo, ou seremos filhos do irreversível Alzheimer cultural que se insinua.

Enquanto isso, a Academia resistiu, porque ministrou remédios amargos para manter-se altiva.

Agradeço às pedras de Itacoatiara, aquelas mais íngremes, que me acolheram, solitário. Quantas vezes não subi o Costão e a praia do Bananal? Pedras quase maternas que fornecem matéria e vigor aos meus sonhos. Devo-lhes o instinto de sobrevivência, as harmonias secretas de meu piano e de meu telescópio, amigo das noites de insônia. E foram tantas.

Desço para evitar a vertigem e para não abrir mão de uma secreta e intransmissível educação pela pedra.

Penso num xamanismo das ideias e convoco Joaquim Nabuco, Darcy Ribeiro, Celso Furtado, Evandro Lins e Silva, Evaristo de Moraes Filho, Raymundo Faoro, Barbosa Lima Sobrinho, Alceu Amoroso Lima, que formam, dentre outros, um conjunto de defensores da liberdade, quando o mundo comemora os setenta anos da Declaração Universal dos Direitos Humanos, de cuja redação Austregésilo de Athayde foi coautor e signatário.

Nenhum deles defendeu a censura, em qualquer âmbito, sob qualquer pretexto, tanto menos em obra ficcional, tornada, desde Boccaccio, com o posfácio do *Decameron*, livre e autotélica. Intolerável aceitar no século XXI um *index librorum prohibitorum*, como imaginam certas patrulhas morais. A Academia assumiu, na última década, uma defesa radical da autoria e da liberdade na criação artística.

Impensável, por outro lado, deflagrar a guerra nas escolas, segundo um macarthismo inoportuno e dissonante da Carta Magna, que assegura liberdade de expressão e liberdade de cátedra.

Os professores realizam uma revolução silenciosa no país. E o Brasil não parou porque seguem obstinados.

Não podemos abandonar os acordos internacionais que integram a cultura da paz entre os povos. O Brasil é uma república de etnias. Somos todos estrangeiros e membros de uma cidadania global.

Precisamos salvaguardar as nações indígenas, que nos antecedem, e os descendentes quilombolas, cuja identidade inscreve-se na afirmação do território. Todos brasileiros, sem exclusão, com direitos iguais.

A diversidade cultural é nosso maior patrimônio.

Não podemos diminuir a maioridade penal, de uma juventude malferida, diante da qual o Estado tirou quanto pode. E se não deu escola a meninos e meninas, oferece nada menos que a masmorra enquanto sucedâneo. Não podemos ampliar a morte de nossos jovens, negros e pobres, em sua grande maioria. Em vez de mais prisão, mais escola.

A república exige mais república, assim como a democracia precisa adquirir maior intensidade.

Até quando a pátria será madrasta para milhões de excluídos, em vez de mãe gentil? Não se trata da rima, senhoras e senhores, mas da defesa do Estatuto da Criança e do Adolescente, assim como o direito de todas as minorias.

Queremos a construção da paz e da hospitalidade, não a bandeira da barbárie. Porque Roma não cairá, nem poderá celebrar a cultura do ódio, contradição no adjetivo: pois ódio e cultura não sabem e não podem caminhar juntos.

A paz não virá de uma resposta armada. A paz resultará, apenas e tão somente, quando a fome e a miséria forem consideradas de modo frontal.

Eis o que a memória de nossos ancestrais inspira-me a dizer neste salão.

Porque não me falta uma certeza, das poucas que guardei, ante o naufrágio das ilusões.

Se a beleza salvará o mundo, nas palavras do príncipe Myshkin, em *O idiota* de Dostoiévski (*мир спасёт красота*), não hesito em dizer que a pluralidade salvará o Brasil.

Ninguém se iluda: a cultura é o derradeiro baluarte da democracia.

Língua Portuguesa e Cultura da Paz

para Tozan Alkan

Do sonho dos poetas e escritores lusitanos vivi anos a fio de minha juventude. Protegido pelos fortes dos séculos XVI e XVII que margeiam a Guanabara, entre o Rio e Niterói, e velam o tesouro da língua que me precede e arrebata. Tal como o farol intermitente da fortaleza de Santa Cruz, quando fixo a entrada noturna da baía. Origem de uma língua que tem o mar como destino e comunhão. Minha janela alcança o velho mar que nos une.

Nenhum corsário, por incógnito e sub-reptício, será capaz de arrancar de nosso meio a intensidade do til e da nasalização e a plácida melodia das vogais manuelinas, vibráteis, cuja precisa escansão é um tributo ao erário de um português fiel a seu passado. Nossa língua não perdeu seu DNA, antes amoldou-se, onívora, a um destino polifônico.

Se adentrarmos os subúrbios da Leopoldina, a voz do povo reveste-se da pátina quinhentista, para além da toponímia, nas antigas flexões e prefixos verbais, boa parte de quanto surde nos cantos de *Os lusíadas*, pronunciados pela gente simples, as levas migratórias das ilhas e continentes que foram outrora de el-rei e dos impérios da África.

Meus ouvidos de menino seguiam essas ondulações, fluxo e refluxo, passado e futuro, aquela mesma síntese com a qual Machado de Assis inventou uma expressão toda sua, forjada num eterno presente, rigoroso e salutar.

    Dei início a uma navegação de cabotagem, sem agulhas de marear, na imensidão linguística do português, às vezes, em horizonte trágico-marítimo, armado de sonho claro e de esperança vã, ao renegar o *nec plus ultra* de minhas colunas de Hércules, inspiradas desde a escola de Sagres ao tempo extinto da *Ulisseia*, de Gabriel Pereira Castro.

    Em meus albores, tomei o partido de Vieira na carta ao Bispo do Japão, porque um dia dom João IV há de ressuscitar, e a cujo encalço lançamo-nos há séculos para, quem sabe, atravessarmos, um dia, o atalho do espaço-tempo, a famosa ponte de Einstein-Rosen.

    Teci infinitas conversações com Cesário e Florbela, desde a rapariga de "um bairro moderno" a seu anverso feminino e àquele cabo tormentório, em cujas águas se ocultou.

    Tal como Sá-Carneiro, ando perdido entre o que sou e uma intangível alteridade, a salvo, tão-somente, porque unido aos heterônimos de Pessoa, em cujas formas se dissolvem meus cuidados.

    Quantas luas contei nas águas, densas e bravias, plácidas e altivas, de Camões, antes de vislumbrar a esplendorosa Vênus desnuda. Morro-me quando procuro Antero, entre nuvens e relógios, ao longo de um inacabado por de sol e, com igual fervor, afundo os remos na noite escura de Al Berto, furiosa e quebradiça, tamanha a sua beleza imponderável.

    Não me afasto um centímetro da matemática de Gedeão, pois a ideia-número guarda uma poética intrínseca.

    E vou cercado pelo magma de Herberto, cuja atividade vulcânica não cessa na minha alma sísmica, lapili de palavra e soledade, ritmado o esconjuro intermitente à *hora mortis*.

Embora a lista se apresente inacabada, invoco a latência de um emblema: dom Sebastião, perdido nas lonjuras de um império imaterial.

Procuro a desejada parte oriental, mais imprecisa e ecumênica, através de *Mensagem* e *Tabacaria*, frutos sazonados de uma abrangência fundada nas coisas mais diáfanas e sutis.

Como não lembrar de José Régio, "naquela alvorada de névoa", prefácio do rosto de el-rei:

"Numa Ilha ignota é que ele agora vivia, o Encoberto e o Desejado de sempre. E um dia viria, numa alvorada de névoa, resgatar o seu Reino da pobreza e da vergonha [...] o capitão de Deus, o Rei da esperança maior que os desesperos, o vencedor da sua própria imperfeição mortal..."

Quanto seria longo e inútil confessar a adesão sebástica de que sou vítima, os encobertos que busquei, nos labirintos de Vieira e nas águas conceituais de Pessoa, nos excessos de Sampaio Bruno e nos feixes de sentido em Teixeira de Pascoaes. Cada qual inclinado ou arrastado a um multiverso de futuro incompossível, tão variegados se mostram entre si as leituras dissonantes de um rei inacabado.

A inscrição do futuro dá-se através do legado de um espectro flutuante das línguas portuguesas, a imagem sebástica, aqui e agora, pois a volta ao passado é apenas uma hipótese da teoria de Gödel, restrita a não poucos impasses.

Em outras palavras, não será possível alcançar, através da máquina do tempo, o rosto de dom Sebastião. Somente nas malhas da língua viva, nos poros da pele, nas muitas cores e diversas latitudes, na forma de grafá-las ou traduzi-las é onde daremos início a uma nova epistemologia: na interface com outras línguas, no tempo agora, no vislumbre da aura e de sua consequente epifania.

Língua que une e separa, integra e desintegra, partilhada por avaros e pródigos. Língua indomável, nas dobras e rizomas da interlíngua, no espaço entre as palavras, vogais e consoantes. Somente aqui a língua portuguesa assume toda a sua vocação especular, como na hóstia do padre Manuel Bernardes. Brilha no fragmento o sinal de uma totalidade interrompida, sem exclusão do sujeito, de seu irredutível espaço, de sua corrente identidade. Toda a pertença, todo o acúmulo de sonhos que o atravessa, no rumorejar do tempo.

Lembro-me do ensaio de Mircea Eliade, *Camões e Eminescu*, no elogio das línguas extremas da latinidade, o romeno e o português, línguas de fronteira, capazes de enorme assimilação de mundo e espaço-tempo, um romaneio de palavras, para torná-las sui juris.

Línguas que se fazem notar pela beleza, Vênus desnuda, cujas extremidades se tocam no corpo de um latim que mal se reformou, entre o Atlântico e o Mar Negro, à deriva de demandas prístinas e atuais, como um graal inquieto e preservado.

Língua sem barreiras, sem medo de arrostar novas comunidades, formas de diálogo que dissolvam fantasmas ideológicos, em decomposição.

Foi Eduardo Lourenço quem corajosamente definiu, em *A nau de Ícaro*, o movimento pendular que une e divide nossos países. O Brasil não cometeu devidamente o parricídio, como se filho de si próprio se tornasse, sem forças de recuperar os laços fundadores. E Portugal não se libertou de uma saudade projecional do império, preso no labirinto de suspiros e saudades, nos braços do Minotauro, sem o fio de Ariadne. Diz Eduardo Lourenço, em outra parte, sobre uma possível lusodifusão:

"é no espaço cultural, não só empírico mas intrinsecamente *plural*, que os novos imaginários definem que um qualquer sonho de comunidade e proximidade se cumprirá ou não [...] É bom estar na casa dos outros como na nossa. É melhor que os outros estejam em nossa casa como na sua. Mas isso nem se pede, nem se sugere. Esperemos que nos encontremos em qualquer coisa como a antiga *casa miticamente comum* por ser de todos e de ninguém".

Essa casa miticamente comum repousa na dinâmica de um projeto em construção, de todos e de ninguém, como o Homero da Grécia, reclamado por todas as cidades, nascido em todas as épocas. Assim, pois, a casa comum da lusotopia, multidiversa e plurimodal, dispõe de um volume generoso de tempo, onde nos assentamos, respeitosos, sem esconder a síntese de que somos filhos e protagonistas, com as línguas ao sul do Atlântico, das Áfricas e das Índias.

Leio o capítulo sexto da História do futuro e substituo a presença de Portugal, sem a apagar, fixando-me no rizoma de proporções planetárias, a própria lusocromia:

Não venceram só a Poro, rei da Índia, e seus exércitos; mas sujeitaram e fizeram tributárias mais coroas e mais reinos do que Poro tinha cidades. Não navegaram só o mar Indico ou Eritreu, que é um seio ou braço do Oceano, mas domaram o mesmo Oceano na sua maior largueza e profundidade, aonde ele é mais bravo e mais pujante, mais poderoso e mais indômito: o Atlântico, o Etiópico, o Pérsico, o Malabárico, e, sobre todos, o Sínico, tão temeroso por seus tufões e tão infame por seus naufrágios. Que perigos não desprezaram? Que dificuldades não venceram? Que terras, que céus, que mares, que climas, que ventos, que tormentas, que promontórios não contrastaram? Que gentes feras e belicosas não domaram? Que cidades e castelos fortes na terra? Que armadas poderosíssimas no mar não renderam? Que trabalhos, que vigias, que fomes, que sedes, que frios, que calores, que doenças, que mortes não sofreram e suportaram, sem ceder, sem parar, sem tornar atrás, insistindo sempre e indo avante, com mais pertinácia que com instância?"

Não se trata de um discurso de guerra, mas de seu contrário, uma conquista de mão dupla, sem vencedores ou perdedores. Metáfora de paz arrevesada.

Em tamanha diversidade, havemos de recuperar um dia o rosto de dom Sebastião. Como quem reúne os 14 pedaços de Osíris, ao longo do Nilo, para recompor sua figura. Ou, ainda, os 201 pedaços de Exu, desde a cultura iorubá, como lembrou recentemente o rei de Ifé, em visita ao Brasil, a fim de apaziguar a alma dos escravos mortos. Ou talvez melhor: quando, no *Bhagavadgītā*, toda a beleza de *Kṛṣṇa* se desvela, em seus olhos, como o Sol e a Lua conjugados, os braços infinitos, sob intensa "massa de esplendor", guardião do devir, fruto de uma insólita adição épica.

Assim também a língua portuguesa, como os rostos e os corpos de *Kṛṣṇa*, centrada e descentrada, ao longo de um núcleo semântico centrado e descontínuo.

Eis a latência infindável de dom Sebastião, mártir redivivo, na etimologia do testemunho, de um tesouro equívoco, a desenhar a cultura da paz, das areias do deserto ao delta do Ganges, ao longo das "colaterais constantes rochas" do Amazonas, do Tejo e do Minho, aos rios e oceanos de um império urdido em metáfora e saudade.

Também aqui Sebastião: a espera ativa, de língua e liberdade, onde se consumou boa parte de uma persona flutuante ou sediciosa, como em Canudos, visto por Euclides da Cunha, em Pedra Bonita fixada por Ariano Suassuna, nas rútilas distâncias de Goa e de Macau, em Timor Leste, nas ilhas de Cabo Verde afortunadas.

De todas as partes, a casa comum, cresce na urdidura delicada de que somos feitos, e emancipados no futuro, sem perder a origem e as dores do parto.

Um Sebastião travestido de língua, um rei ambíguo, transfigurado. "Última flor do Lácio", jardim afro-brasileiro, onde cabem todas as Índias, também uma jangada de pedra.

Não tenho dúvidas: a língua portuguesa é o semblante do Encoberto e Desejado, onde todos se reconhecem numa densa e luminosa alteridade especular.

Posfácio

Do silêncio das estrelas às reflexões de uma possível consciência histórica

Ana Maria Haddad

Nulla res singularis in rerum natura datur, qua potentior et fortior non detur alia. Sed quacumque data datur alia potentior, a qua illa data potest destrui.

Benedictus de Spinoza[1]

O sagitário, seu símbolo, diletíssimo Marco, exprime o nexo entre a terra e a poesia-céu. A violenta tensão do impulso do arco é um movimento intenso e perigoso. Dividir a tensão entre os extremos seria talvez salutar. Mas se o fascínio da poesia-céu é irresistível, a distensão será inevitável. Aceite seu belo destino.

Nise da Silveira[2]

Ao percorremos as páginas de *Cultura da Paz*, nós, leitores, como sempre, somos surpreendidos com mais uma obra de Marco Lucchesi. Este que, acima de tudo, prima não somente

---

1 SPINOZA, Benedictus. *ETHICA*. Belo Horizonte: Autêntica Editora, 2013. p. 269.
2 LUCCHESI, Marco. *Viagem a Florença*: Cartas de Nise da Silveira a Marco Lucchesi. Rio de Janeiro, 2003. p. 29.

pela erudição, mas, inclusive, pela solidariedade profunda, própria daqueles que possuem brilho silencioso, irradiante. Em outras palavras: sente dores autênticas diante dos inúmeros dramas humanos que subtraem o direito da existência plena. Um poeta que exala satisfação, generosíssima, ao ressaltar valores de escritores, pensadores, artistas, refugiados, presidiários. Sem fronteiras geográficas, históricas, hierárquicas e temporais. Marco Lucchesi tem diante de si a humanidade. Entrega-se, ama e se deixar amar por cada ser que tem o privilégio de encontrá-lo ou conhecê-lo. De perto ou a distância.

A obra em questão foi arquitetada pela distribuição dos títulos que encaminham os ensaios. Independentes entre si mas regidos por fios delicados. Estes que teimam pela invisibilidade. Contudo, solicitam nossa atenção em todas as esferas. Diga-se de passagem que cada ensaio possui a 'exatidão', (naturalmente não estamos desconsiderando as teorias de Bergson no que dizem respeito à memória), de fatos, encontros, datas, somente cabíveis e compatíveis com a memória de *Funnes, o memorioso*!

Cultura da Paz pode e deveria ser lido como uma verdadeira Educação Estética. Os textos de Marco Lucchesi, (como sempre), são exigentes. Exigentíssimos. Reforçam, inclusive, uma posição importante de nosso mestre Deleuze, ou seja, de que a verdadeira literatura não se faz apenas com intenções literárias. Solicitam do leitor um repertório não somente voltado para a literatura. Mas para a pintura, história, geografia, ciências em geral, filosofia, música, política, teologia. Lembremos de Goethe: "Faz-se mister o advento de um gênio que se aproprie logo do que há na atualidade, assim excedendo a tudo mais. Os meios aí estão todos, os caminhos indicados e aplainados (...) Falta agora, como disse, um grande talento, e esse está por vir, assim o espero"³. Sem exageros. Um dos gênios sonhados pelo autor de *Afinidades Eletivas* é o autor de *Nove Cartas sobre a Divina Comédia*. Advertência: estejamos, sempre, à espreita dos ecos de Narciso e seus costumazes seguidores (como esquecer *Diário de um gênio* de Dalí?). Decididamente não é o caso!

Marco Lucchesi desafia, uma vez mais, a capacidade de confronto das habituais insuficiências que sempre inquietaram os que realmente pensam. Ao terminar a leitura dos ensaios, contidos neste livro, sentimos, de imediato, a necessidade de retomá-los. Talvez de forma descontínua. Cada ensaio é uma síntese em alto grau de excelência. Sínteses que captam e materializam, se quisermos pensar na perspectiva de Peirce, o inanalisável, os ícones, quali-signos em seus desdobramentos infinitos. Novamente Goethe: "Há criaturas excelentes que nada podem fazer sem reflexão e de improviso, e cuja natureza exige que todos os assuntos sejam profundamente meditados em sossego. Em geral esses talentos deixam-nos impacientes porque raramente alcançamos deles o que de momento desejamos. Contudo é por essa forma que se atinge as culminâncias"⁴.

Imagine-se Dante, Goethe, Borges, Einstein, (somente para ficarmos com alguns), lá no Olimpo, em diálogo, saboreando os famosos néctares, sob o olhar de *Clio*, e, ao mesmo tempo, felizes (atentos) aos desafios que Lucchesi possibilita. O maior deles remonta, sem dúvida, ao ideal dos grandes pensadores! Como construir um livro, único, que contenha todos os outros? O que realmente significa pensar? Como abarcar todas as línguas, todos

---

3   ECKERMANN. *Conversações com Goethe*. Tradução de Marina Leivas Bastian Pinto. Belo Horizonte: Itatiaia, [s.d]. p.67.
4   Idem, p. 129.

os tempos, passado, presente, futuro, numa só obra? Como reter o infinito? Como reunir todas as vozes e expressões artísticas, científicas, filosóficas, históricas? Desafio este que o autor coloca, em parte, no texto, deste livro, *Grafite Luminoso*. Lembremos de Einstein: "Não me canso de contemplar o mistério da eternidade da vida. Tenho uma intuição da extraordinária construção do ser" [5]. E ainda: "O que, exatamente, é o pensamento? Quando, na percepção das impressões sensoriais, emergem figuras da memória, isto ainda não é 'pensar'. E quando esses quadros formam sequências, cada membro criando o outro, isto também ainda não é 'pensar'. Porém, quando uma certa figura aparece em várias sequências, nesse caso – precisamente devido a essa recorrência – torna-se um elemento de organização para tais sequências, no sentido de unir sequências por si mesmas não se relacionam entre si. Esse elemento vem a ser um instrumento, um conceito. Creio que a transição da livre associação ou 'sonho' para o pensamento caracteriza-se pelo papel mais ou menos importante representado pelo conceito. Não é de modo algum necessário que o conceito esteja ligado a um signo que possa ser reconhecido e reproduzido pelos sentidos (palavra), mas, quando isto se dá, o pensamento torna-se capaz de ser comunicado" [6].

Cultura e Paz movimenta-se, em grande parte, na perspectiva do conceito de pensamento de Einstein. Lucchesi não dá trégua. Uma espécie de "secreta complexidade", como diria Borges. Veja-se, por exemplo, no ensaio *Dante 750* regido, seguramente, por uma síntese visual-conceitual-temporal-espacial, sem precedentes.

---

5   EINSTEIN, Albert. *Como vejo o mundo*. Tradução de H.P. de Almeida. Rio de Janeiro: Nova Fronteira, 2016. p. 12.
6   EINSTEIN, Albert. *Notas autobiográficas*. Tradução de Aulyde Soares Rodrigues. Rio de Janeiro: Nova Fronteira, 1982. p. 17.

Observe-se a fúria que transborda sob os signos da elegância, erudição, provocação, ironia. O autor materializa, com a intranquilidade dos que ainda conservam a capacidade da indignação, uma denúncia somente comparável ao inesquecível *J'accuse* (publicada em 13/01/1898). Denúncia dolorosa feita por nosso amado e corajoso Émile Zola quando, sabiamente, compreende a injustiça da prisão de Dreyfus e desafia os pilares das autoridades francesas.

Mas é exatamente no ensaio *Livros Fantasmas* que Lucchesi, acima de tudo, nos convoca, enquanto exercício de pensamento, conceitualmente, a estranheza. Por quê? Porque nos deparamos, em alto grau, com o inesperado. E também nos chama para o 'não datado' (por lembrarmos de Derrida). Algo novo se processa em nosso próprio pensamento que não permite atravessar nossas velhas capas de significação. Lembrando, uma vez mais com Derrida, que se reconhecemos algo, em se tratando, também de literatura, o reconhecido não pode ser novo. No novo tudo escapa como cavalos-desmemoriados-indomáveis.

O que novamente vai ao encontro de mais uma afirmação de Einstein: "Não tenho dúvidas de que o nosso pensamento se processa, na maior parte das vezes, sem o uso dos signos (palavras) e, além disso, em grande parte inconscientemente. Se assim não fosse, como seria possível 'lembrarmos com estranheza' e de forma espontânea uma determinada experiência? Essa 'lembrança inquisitiva' pode ocorrer quando a experiência está em conflito com conceitos bem estabelecidos em nossa mente" [7].

Cultura e Paz transita, pensando a obra como um todo, por uma arquitetura que provoca, mesmo que tacitamente, uma

---

[7] Idem, p. 18.

retomada de nossos conceitos, muitas vezes, amontoados e empoeirados. Dialoga, implicitamente, com *as dimensões da consciência histórica,* por lembrar de Aron. Ao mesmo tempo, na maior parte dos ensaios, há um convite subjacente de Lucchesi para a contemplação do belo e vivê-lo na prática. Tal como ele vive. A linguagem poética do autor é extraordinariamente insubmissa a determinismos. Sem falar das vozes sussurrantes de memórias que emergem em recortes distintos de sua vida. E, nessa medida, estimulam a encontros com as nossas. *Cultura e Paz* é simplesmente prova real de lições solidárias. O único caminho possível, por lembrar, inclusive, de Bauman e Negri, para que a existência humana consiga sobreviver de maneira menos miserável.

Cultura e Paz... um verdadeiro labirinto estético de tempos suspensos. Tal a qualidade de envolvimento textual a que somos gentil e amorosamente seduzidos.

Sobre os textos

Cultura da paz, foi revisto entre Itacoatiara e Massarosa, de novembro de 2019 a fevereiro de 2020.
Infância de Poeta: Quase Prefácio. O Globo, 31.07.18.
Locatários do Presente
Verda Stelo. O Globo, 03.01.18.
Santurantikuy. O Globo, 01.01.14.
Folia de Reis. O Globo, 06.01.16.
Eu sou Beirute. O Globo, 02.12.15.
Olodum e Lalibela. O Globo, 07.01.15.
A Casa Comum. O Globo, 07.10.15.
A Feb e os Canibais. O Globo, 01.04.15.
Índice de Barbárie
Carta a um Jovem Preso. O Globo, 07.06.17.
Pedrinhas. O Globo, 07.05.14.
Além das Grades. O Globo, 03.09.14.
Fome de Justiça. O Globo, 27.11.13.
Casa dos Mortos. O Globo, 30.10.13.
O Grande Incêndio. O Globo, 01.02.17.
Pentimento e Proporção

Alma do Mundo. Alma do Mundo: Leonardo 500 anos. Catálogo da Exposição da Biblioteca Nacional: Rio de Janeiro, FBN, 2020.

Viva Guido Reni. O Globo, 03.02.16.

Cartas de Tarô. Comunità Italiana, 29.02.16

Fluxo Bruto. O Globo, 01.11.17.

Brilham Sinais. Prefácio do livro: Portinari, Candido. *Poemas*. Rio de Janeiro: Funarte, 2018.

Mignone 120. O Globo, 04.10.2017.

Corpo-Galáxia

Gullar: Mozart Afônico. Comunità Italiana, 14.12.16.

Eros e Psiché. In VASCONCELLOS, Eugénia: *Sete degraus sempre a descer* (posfácio). Lisboa: Gerra & Paz, 2018.

Uma Voz Límpida. Comunità Italiana, 20.09.18.

Saudades de Jorge Wanderley. Comunità Italiana, 20.08.18.

Dante 750. O Globo, 02.09.15.

Um Simbolista Romeno. In Călina, Nicoleta (org.). Ștefan *Petică: la 110 ani după*. Craiova: Aius, 2014.

Inquietude Semântica

Cony: O Diabo e a Carne. O Globo, 07.02.18.

Coronel sem Lobisomem. O Globo, 22.11.16.

Carta infinita: Montaigne. O Globo.22.04.17.

Eduardo Portella. Jornal de Letras (Lisboa), 26/05/2017.

De Amor e Névoa. Rio de Janeiro: Nova Fronteira, 2019, prefácio.

Mestre Umberto. O Globo, 02.03.16.

Livros Fantasmas. Palestra na XI Semana de Letras da UFSC (O intelectual Ausente: Umberto Eco, Semiótica e Literatura). 05.06.2017.

Apolo e Tutuguri

Artaud: Uma Nova Ontologia. Texto revisto do livro Aratud, a nostalgia do mais (org. M.L.). Rio de Janeiro: Numen, 1989.

Aproximações de Remo Bodei. Entrevista publicada na Revista Brasileira, Fase 8, ano IV, n. 85.

Topologias

Museu de Imagens; O Globo, 05.08.15.

Depois do Inferno. O Globo, 18.07.12.

Favela é cidade. O Globo, 04.06,14.

República dos Livros. O Globo, 24.10.12.

Cartola e Pasolini. O Globo, 19.06.13.

Adeus a um Democrata. O Globo. 03.08.16.

Fuga em Ré Menor

Pequena Arqueologia. O Globo, 24.07.15.

Cadeira 15. Discurso de posse na ABL, aqui revisto, assim como os dois seguintes, dia 20.05.2011.

Grafite Luminoso. Discurso do primeiro mandato como presidente da ABL. Dezembro de 2017.

Roma não Cairá. Discurso do segundo mandato como presidente da ABL. Dezembro de 2018.

Língua Portuguesa e Cultura da Paz. Discurso de posse na Academia das Ciências de Lisboa, 16.10.2018.

Posfácio: Do silêncio das estrelas/ Ana Maria Haddad

QUE ESTE LIVRO DURE ATÉ ANTES DO FIM DO MUNDO
Impresso em novembro de 2020